高等学校教学管理队伍建设研究

张贞 著

 吉林大学 出版社

·长春·

图书在版编目（CIP）数据

高等学校教学管理队伍建设研究／张贞著. -- 长春：
吉林大学出版社，2024.7. -- ISBN 978-7-5768-3533-5
Ⅰ.G642
中国国家版本馆 CIP 数据核字第 2024ND2647 号

书　　名　高等学校教学管理队伍建设研究
　　　　　GAODENG XUEXIAO JIAOXUE GUANLI DUIWU JIANSHE YANJIU

著　　者　张　贞
策划编辑　李伟华
责任编辑　王宁宁
责任校对　柳　燕
装帧设计　万典文化
出版发行　吉林大学出版社
社　　址　长春市人民大街 4059 号
邮政编码　130021
发行电话　0431-89580028/29/21
网　　址　http://www.jlup.com.cn
电子邮箱　jldxcbs@sina.com
印　　刷　唐山唐文印刷有限公司
开　　本　787mm×1092mm　1/16
印　　张　12.5
字　　数　200 千字
版　　次　2025 年 1 月　第 1 版
印　　次　2025 年 1 月　第 1 次
书　　号　ISBN 978-7-5768-3533-5
定　　价　68.00 元

PREFACE 前 言

　　高等学校教学管理队伍的建设是保障教育质量和推动教育改革的重要因素。教学管理队伍主要包括教学主管、学术委员会成员、专业负责人及课程协调人等。他们的职责不仅涉及教学计划的制定和实施，还包括教学资源的分配、教师的培养与评估、学生学业的监督与支持等。构建一支高效的教学管理队伍，需要从人员选拔、培训机制、激励政策和组织文化等多方面进行系统化建设。高等学校应根据实际需要制定科学的选拔标准，注重选拔具有较高学术水平、丰富教学经验以及良好管理能力的人员。合理的选拔程序不仅能保证管理队伍的专业性，还能增强其在教学与科研中的公信力和影响力。学校应建立完善的培训体系，通过定期组织管理理论与实践的培训，提高管理人员的专业能力和综合素质。同时，鼓励管理人员参加国内外的学术交流与研讨，拓展其视野，学习先进的管理理念与方法。通过持续的教育培训，确保管理人员能够适应教育改革的要求，不断提升其管理效能。

　　本书旨在系统探讨高等学校教学管理队伍建设的背景、意义、组成、职责、招聘、选拔、培训、激励机制以及工作环境与文化建设等方面的问题。高等学校教学管理队伍的建设不仅关系到学校日常教学工作的有序开展，更直接影响着学校的教育质量和长期发展。因此，研究和探讨这一领域具有重要的理论价值和现实意义。在本书中，我们首先对高等学校教学管理队伍建设的背景和意义进行了概述，强调了其在现代教育体系中的重要性，并分析了当前面临的挑战与机遇。随后，详细阐述了教学管理队伍的组成与职责划分，以及建设过程中应遵循的原则和方法。关于招聘与选拔，本书提供了详细的流程和策略，旨在帮助高校建立一支高效、专业的管理队伍。

　　本书适用于高等学校管理人员、教育研究者以及对教育管理有兴趣的读者，旨在提供系统的理论指导和实践参考。希望本书能为高等学校教学管理队伍建设提供有益的借鉴，推动高校管理水平的提升和教育质量的持续改进。

CONTENTS 目 录

第一章 高等学校教学管理队伍建设的背景与意义

第一节 高等学校教学管理队伍建设概述

一、高等学校教学管理队伍的内涵

高等学校教学管理队伍的内涵包括一支由教学主管、学术委员会成员、专业负责人及课程协调人组成的团队，负责教学计划制定与实施、教学资源分配、教师培养与评估及学生学业监督与支持等任务。他们的专业性、管理能力和团队协作精神直接影响教育质量和教学改革效果。

二、高等学校教学管理队伍建设的特点

（一）专业性

管理人员需要具备深厚的教育学和管理学知识，这些知识是他们开展教学管理工作的基础。通过系统学习和实践，他们能够理解教育的基本原理和方法，掌握现代管理理论和技术，从而提高教学管理工作的科学性和有效性。高等学校教学管理人员需要具备广泛的教育学知识。这包括对教育理论、教育方法和教育技术的理解和掌握。教育理论为教学管理提供了理论依据，教育方法为具体的教学管理实践提供了方法论指导，而教育技术则是现代教学管理不可或缺的工具。管理人员通过学习这些知识，可以更好地理解教育的内涵和本质，提高教学管理的质量和水平。

管理学涵盖了组织管理、战略管理、人力资源管理、财务管理等多个方面。高等学校教学管理涉及多个部门和人员的协调和管理，因此需要管理人员具备全面的

管理学知识，以便有效地进行组织协调和资源调配。通过学习管理学，管理人员可以掌握科学的管理方法和技术，提高管理效率和决策的科学性。除了理论知识，实际操作能力也是高等学校教学管理人员必须具备的。教学管理工作涉及具体的管理实践，如教学计划的制定与实施、教学质量的监控与评估、教师的培训与发展等。这些工作要求管理人员不仅要有理论知识，还要有实际操作能力。通过实际操作，管理人员可以积累丰富的管理经验，提高解决实际问题的能力，从而保证教学管理工作的顺利进行。

为了提高专业性，高等学校通常会通过各种途径加强对教学管理人员的培训。这些培训包括岗前培训、在职培训和继续教育等。岗前培训是指对新任管理人员进行的基础培训，使他们了解教学管理工作的基本内容和要求。在职培训是指对在职管理人员进行的定期培训，以提高他们的专业知识和技能。继续教育则是指管理人员在工作期间通过自学或参加专业培训班等方式，不断更新和提高自己的知识和技能。通过这些培训，管理人员的专业性得到了有效提高。此外，高等学校还鼓励教学管理人员参加各种学术交流和研究活动。这些活动包括学术会议、研讨会、专题讲座等。通过参加这些活动，管理人员可以了解最新的教育理论和管理方法，学习先进的管理经验和技术，从而不断提高自己的专业水平。同时，学术交流和研究活动还可以促进管理人员之间的交流与合作，增强团队的凝聚力和战斗力。

在高等学校教学管理队伍建设中，专业知识和技能的培养还需要有科学的评价机制。评价机制包括对管理人员的知识水平、操作能力、工作绩效等方面的评价。通过评价，可以发现管理人员的优点和不足，及时进行针对性培训和指导，提高管理人员的专业水平和工作能力。同时，评价机制还可以激励管理人员不断学习和进步，增强他们的工作积极性和责任感。

（二）综合素质

教学管理人员的综合素质是高等学校教学管理队伍建设中的重要方面。高等学校的教学管理工作要求管理人员对学术有深刻理解和把握，这不仅有助于他们在教学管理中做出科学的决策，还能够提升学校的学术氛围和教育质量。具备较高学术水平的管理人员能够更好地理解和支持教师的教学和科研工作，促进教学与科研的有机结合，从而提高学校的整体学术水平。除了学术水平，优秀的沟通协调能力是教学管理人员不可或缺的素质。高等学校的教学管理工作涉及多方利益相关者，包括教师、学生、行政人员和外部合作机构等。管理人员需要在这些不同的群体之间进行有效沟通和协调，确保信息的准确传递和资源的合理分配。通过良好的沟通，管理人员可以及时了解各方的需求和反馈，解决教学过程中出现的问题，推动各项工作顺利进行。同时，沟通协调能力也是管理人员处理冲突和应对突发事件的关键，能够有效维护学校的和谐与稳定。

教学管理人员的组织能力同样至关重要。教学管理工作涉及教学计划的制定与实施、教学资源的配置与管理、教学活动的组织与协调等多个方面。管理人员需要具备系统的组织能力，能够统筹安排各项工作，合理分配资源，确保各项教学活动有序进行。通过有效组织，管理人员可以提高工作效率，减少资源浪费，提升教学管理的整体水平。此外，组织能力还体现在对各种复杂问题的处理上，管理人员需要具备系统思维和统筹能力，能够在纷繁复杂的工作中理清思路，找到解决问题的最佳方案。领导力是教学管理人员在复杂多变的教育环境中高效开展工作的关键素质。高等学校教学管理工作需要管理人员具备较强的领导力，能够带领团队朝着共同的目标努力。领导力不仅包括决策能力，还包括激励和引导团队成员的能力。优秀的领导者能够营造积极向上的工作氛围，激发团队成员的工作热情和创造力。通过有效的领导，管理人员可以推动教学改革，提升教学质量，实现学校的发展目标。

综合素质的培养不仅依赖于个人的努力，还需要学校提供良好的支持和培训。高等学校可以通过各种培训项目和发展计划，提升管理人员的综合素质。例如，定期举办学术交流和培训活动，邀请专家学者进行专题讲座，开展团队建设和领导力培训等。这些活动不仅可以丰富管理人员的知识和技能，还能够促进他们之间的交流与合作，提升团队的整体素质。同时，学校还应建立科学的考核和激励机制，鼓励管理人员不断提升自身素质。通过定期的绩效考核和反馈，管理人员可以了解自己的优点和不足，有针对性地进行改进和提升。此外，学校可以通过物质和精神激励措施，激发管理人员的工作积极性和主动性，促进他们不断追求卓越，提升综合素质。

在现代教育环境下，教学管理人员面临的挑战和机遇并存。随着教育改革的深入推进和信息技术的迅猛发展，教学管理工作变得更加复杂和多样化。管理人员需要不断更新知识，提升技能，以应对不断变化的教育需求和管理挑战。同时，他们还需要具备全球视野和前瞻性思维，能够在国际化的教育环境中把握机遇，推动学校的国际化发展。

（三）持续性培训

为了应对教育需求和环境的不断变化，教学管理人员必须通过持续不断培训和进修，提升自身的专业能力和管理水平。持续性培训不仅有助于个人的发展，也能够提升整个教育机构的管理质量和教学效果。高等学校通常会为新任教学管理人员提供岗前培训。岗前培训旨在帮助新任管理人员快速适应工作环境，了解学校的管理制度和流程，掌握基本的管理技能和方法。这种培训通常包括理论学习和实践操作两部分，通过系统学习和实际操作，使新任管理人员能够迅速进入工作状态，胜任各项管理任务。

在职培训通常是定期进行的，通过组织各种培训班、研讨会和讲座等形式，为管理人员提供最新的教育理论和管理方法。例如，高等学校可以邀请教育专家和学者进行专题讲座，分享最新的教育研究成果和管理经验，帮助管理人员开拓视野，提升专业水平。继续教育包括参加各种专业培训班、进修课程和学术交流活动等。通过继续教育，管理人员可以不断更新自己的知识和技能，掌握最新的教育技术和管理方法。例如，一些高等学校会与国内外知名高校和研究机构合作，组织管理人员到这些机构进行进修和学习，吸收先进的教育理念和管理经验，为学校的管理工作注入新的活力。

高等学校还可以通过开展内部培训项目，提升教学管理人员的专业能力和管理水平。内部培训项目可以根据学校的具体需求和管理人员的实际情况，制定有针对性培训计划。例如，学校可以根据不同部门和岗位的特点，组织不同类型的培训活动，如教学管理软件的使用培训、教学评估方法的培训、教师职业发展规划的培训等。通过这些有针对性培训，管理人员可以更加熟练地掌握各项管理技能，提高工作效率和管理水平。为了确保持续性培训的效果，高等学校应建立科学的培训评估机制。培训评估机制包括对培训内容、培训形式、培训效果等方面的评估。通过评估，可以及时发现培训中的不足，改进培训方案，提高培训质量。同时，培训评估还可以为管理人员提供反馈，帮助他们了解自身的优点和不足。例如，学校可以通过问卷调查、考试测评等方式，对培训效果进行评估，收集管理人员的意见和建议，不断优化培训内容和形式，提升培训的针对性和实效性。

持续性培训不仅有助于管理人员应对这些挑战，还能够提升他们的创新能力和应变能力。例如，通过培训，管理人员可以学习和掌握最新的教育技术，如在线教育平台的使用、数据驱动的教学管理方法等，从而提高教学管理的效率和质量。同时，培训还可以激发管理人员的创新思维，鼓励他们在工作中积极探索和尝试新的管理模式和方法，推动学校的教学管理工作不断创新和发展。

（四）信息化

现代高等学校教学管理队伍的信息化建设是提升管理效率、实现教育管理现代化和智能化的重要途径。随着信息技术的迅猛发展，教学管理系统和平台在高等学校中得到了广泛应用，成为教学管理工作的重要工具。高等学校通过信息化建设，实现了教学管理的数字化和自动化。传统的教学管理方式往往依赖于大量的纸质文档和手工操作，不仅效率低下，还容易出现错误和遗漏。通过引入先进的信息技术，学校可以将教学管理的各个环节数字化和自动化，提高工作效率和准确性。例如，课程安排、考试管理、成绩录入等工作可以通过教学管理系统自动完成，大大减少了管理人员的工作量，降低了出错率。

通过教学管理平台，学校可以及时发布各种管理信息，如课程安排、考试通知、成绩查询等，师生可以随时随地获取相关信息，了解教学管理的动态。这种透明和公开的管理方式，不仅提高了管理工作的效率，也增强了师生的信任感和参与感。例如，学生可以通过平台查询自己的成绩和课程安排，了解选课和考试的具体安排，提高了学习的自主性和主动性。通过教学管理系统和平台，学校可以将各类教学资源，如课程资料、教学视频、实验数据等进行集中管理和共享，方便师生查阅和使用。这种资源共享的方式，不仅提高了资源的利用率，还促进了教学质量的提升。例如，教师可以通过平台共享自己的教学资料和经验，学生可以通过平台访问各种学习资源和工具，提高了学习的效果和效率。

通过教学管理系统，学校可以收集和分析各种教学数据，如学生的学习成绩、出勤情况、学习行为等，了解教学过程中的问题和不足，进行针对性改进和优化。这种基于数据的管理方式，不仅提高了决策的科学性和准确性，还增强了管理工作的针对性和实效性。例如，学校可以通过数据分析了解学生的学习情况，针对不同学生的需求，制定个性化的教学方案，提高教学的针对性和有效性。通过引入人工智能、大数据分析、云计算等先进技术，学校可以实现智能化的教学管理，提高管理的效率和质量。例如，通过人工智能技术，学校可以实现智能化的课程推荐、学习行为分析、教学效果评估等，帮助教师和学生更好地进行教学和学习活动。此外，通过大数据分析，学校可以了解学生的学习行为和规律，进行个性化的教学指导，提高学生的学习效果和满意度。

为了充分利用先进的信息技术，管理人员需要具备一定的信息技术知识和技能，能够熟练操作教学管理系统和平台。为此，高等学校应加强对管理人员的信息技术培训，提供相关的培训课程和学习资源，提高他们的信息技术水平和应用能力。例如，学校可以定期组织信息技术培训班，邀请专家进行讲解和指导，帮助管理人员掌握最新的信息技术和管理方法，提高管理工作的效率和质量。未来，随着信息技术的不断发展和教育改革的深入推进，高等学校的信息化建设将面临更多的挑战和机遇。学校需要不断创新信息化管理模式，提升信息化管理水平，以适应教育环境的变化和发展需求。例如，学校可以探索基于人工智能的智能化管理系统，利用大数据分析技术进行精细化管理，提升教学管理的科学性和智能化水平。同时，学校还需要加强信息安全管理，保护师生的信息安全和隐私，确保信息化建设的顺利进行。

（五）团队合作

团队合作在高等学校教学管理工作中起着至关重要的作用。教学管理是一项复杂而系统的工程，涉及教学计划的制定与实施、教学质量的监控与评估、教师的培训与发展、学生管理等多个方面。这些工作需要多个部门和人员的协同配合，只有通过高效的团队合作和明确的分工，才能确保管理工作顺利开展，促进资源的有效利用和目标的实现。教学管理工作涉及多个职能部门，包括教务处、学生事务办公室、人力资源部门等。每个部门在教学管理中承担着不同的职责和任务。例如，教务处负责课程安排、考试管理、成绩记录等，学生事务办公室负责学生的日常管理和服务，人力资源部门则负责教师的招聘与培训。只有各部门密切合作、协同配合，才能确保教学管理工作的全面和高效。

每个团队成员需要清楚自己的职责和任务，了解其他成员的工作内容和进展，形成良好的沟通和协作机制。例如，在课程安排过程中，教务处需要与各学院和系部沟通协调，了解各专业的课程需求和教师的教学安排，合理制定课程表。通过明确的分工和职责，各部门和人员可以各司其职，协同工作，提高工作效率和质量。教学管理工作中，信息的及时传递和反馈非常重要。各部门和人员需要通过定期会议、工作报告、电子邮件等多种形式，保持密切的沟通和联系，及时交流工作进展和问题。例如，在教学质量监控过程中，教务处需要及时向各学院和系部反馈教学评估结果，帮助他们发现和改进教学中的问题。同时，各学院和系部也需要向教务处反馈教学实施情况和存在的困难，共同探讨解决方案。

教学管理工作是一项长期而繁重的任务，只有在团队成员之间形成相互信任、相互支持的合作关系，才能保持工作的积极性和创造力。例如，通过团队建设活动、共同培训等方式，增强团队成员之间的了解和信任，提升团队的凝聚力和战斗力。在面对困难和挑战时，团队成员能够相互支持、共同努力，克服困难，完成任务。领导者在团队合作中起着关键作用，他们需要具备较强的领导力和协调能力，调动团队成员的积极性和创造力。例如，领导者可以通过设立明确的工作目标和绩效考核标准，激励团队成员努力工作，不断提高工作质量和效率。同时，通过对优秀团队和个人的表彰和奖励，激发团队成员的工作热情和积极性，形成良好的竞争和合作氛围。

团队合作不仅能够提高教学管理工作的效率和质量，还能够促进资源的有效利用和目标的实现。在教学管理工作中，资源的合理配置和利用非常重要。例如，通过团队合作，可以统筹安排教学资源，合理分配教师和课程，优化教学计划，提高教学资源的利用率和效益。同时，团队合作还可以发现和解决工作中的问题和不足，持续改进和优化教学管理工作，提高管理水平和教学质量。

（六）创新与改革

教学管理队伍必须具备强烈的创新意识和改革精神，才能在快速变化的教育环境中不断适应和发展。通过探索和实施新的管理模式和方法，教学管理工作能够更好地满足现代教育发展的需求和趋势。高等教育面临着多样化和个性化的需求，传统的教学管理模式已经无法完全适应这些变化。教学管理人员需要不断更新观念，勇于打破陈规，积极探索新的管理方法和手段。例如，随着信息技术的快速发展，教学管理可以借助大数据分析、人工智能等先进技术，实现智能化和精细化管理，从而提高管理效率和质量。

高等学校需要根据自身实际情况和发展目标，不断调整和优化教学管理体制和机制。例如，可以通过引入市场化运作机制，激发教师的积极性和创造力，提高教学质量和效果。同时，还可以通过优化资源配置，提升教学资源的利用率，实现资源的最大化利用。通过这些改革措施，学校的教学管理水平将得到显著提升。此外，教学管理队伍需要具备前瞻性思维，能够敏锐地捕捉教育发展的新趋势和新动向。例如，随着全球化的深入推进，高等教育的国际化程度不断提高。教学管理人员需要积极应对这一趋势，通过引进国际先进的教学理念和管理方法，提高学校的国际化水平和竞争力。例如，可以通过加强国际合作与交流，拓展国际化办学渠道，提升学生和教师的国际化视野和能力。

高等学校需要建立科学合理的管理制度，明确各部门和人员的职责和权限，形成规范高效的管理体系。例如，可以通过制定和完善教学管理规章制度，规范教学管理的各个环节，提高管理工作的科学性和规范性。同时，还需要建立有效的激励机制，激发教学管理人员的工作积极性和创造力。例如，可以通过设立优秀管理人员奖励制度，对在教学管理工作中表现突出的人员进行表彰和奖励，激发他们的工作热情和创新精神。随着信息技术的不断发展，现代教学管理已经逐渐向信息化和智能化方向转变。教学管理人员需要熟练掌握和运用各种信息技术工具，提高管理工作的效率和水平。例如，通过引入教学管理系统，可以实现教学计划的自动化编排、学生成绩的实时监控、教学资源的智能化分配等，从而大大提高了教学管理的效率和质量。

在推动教学管理创新与改革的过程中，管理人员还需要注重实际操作和效果评估。任何管理模式和方法的创新与改革都需要经过实践检验，才能真正发挥作用。例如，在实施新的教学管理模式时，可以通过试点先行的方式，先在部分学院或系部进行试点，总结经验和教训，再逐步推广到全校。通过不断实践和探索，找到最适合学校实际情况的管理模式和方法。同时，教学管理队伍的创新与改革还需要得到学校领导的支持和全体教职工的共同参与。只有在全校范围内形成创新和改革的良好氛围，才能确保教学管理工作取得实效。例如，学校可以通过召开教学管理工作研讨会、组织教学管理培训班等形式，提高全体教职工对创新和改革的认识和理解，增强他们的参与意识和主动性。

（七）政策导向

国家和地方教育政策是指导学校教学管理工作的基本依据，教学管理队伍需要紧跟这些政策，制定相应的管理措施和实施方案，确保政策的有效落实和执行，从而推动学校教学管理工作的规范化和制度化。教学管理队伍需要深入理解和把握国家和地方教育政策的内涵和要求。教育政策不仅规定了教育的总体目标和方向，还对具体的教学管理工作提出了明确的要求。管理人员需要通过学习和研究，深入理解政策的背景、内容和实施要求，确保在实际工作中准确把握政策精神。例如，国家关于"双一流"建设的政策，要求高等学校提高学科建设水平和人才培养质量，管理人员需要根据这一要求，制定具体的学科发展规划和人才培养方案，推动学校的发展。

高等学校需要根据国家和地方教育政策，制定科学合理的管理措施和实施方案。政策的落实需要有具体的操作步骤和实施路径，管理人员需要结合学校的实际情况，制定切实可行的管理措施。例如，国家关于教育信息化的政策，要求推动信息技术与教育教学的深度融合，管理人员可以根据这一政策，制定学校的信息化建设规划，推进智慧校园建设，提高教学管理的现代化水平。在政策导向下，教学管理队伍还需要建立健全各项规章制度，确保管理工作的规范化和制度化。政策的落实不仅需要具体的措施，还需要有完善的制度保障。管理人员需要根据政策要求，制定和完善学校的各项规章制度，确保管理工作的有章可循、有据可依。例如，根据国家关于教学质量评估的政策，学校可以制定教学评估制度，明确评估的标准和程序，规范教学评估工作，提高教学质量。

政策的实施效果需要通过监督和评估来检验，管理人员需要建立相应的监督和评估机制，定期对政策落实情况进行检查和评估，发现问题及时纠正，确保政策的有效执行。例如，根据国家关于高校思想政治教育的政策，学校可以建立思想政治教育工作评估机制，对各院系的思想政治教育工作进行评估，确保思想政治教育的落实。教育政策不断变化和调整，管理人员需要具备敏锐的政策分析能力，及时掌握政策动态，预测政策发展趋势，提前做好应对准备。例如，在国家出台新的教育政策时，管理人员需要迅速组织研究，分析政策对学校发展的影响，提出应对策略，确保学校能够及时适应政策变化。

政策的落实不仅仅是管理人员的责任，还需要全体教职工的理解和支持。管理人员需要通过各种形式的宣传和培训，向教职工宣传政策精神和要求，提高他们的政策意识和执行力。例如，学校可以通过组织政策解读会、编写政策手册、开展政策培训班等形式，向教职工传达政策内容，帮助他们理解和掌握政策，提高执行政策的自觉性和主动性。教学管理队伍还需要积极与教育行政部门沟通和协调，争取政策支持和指导。教育政策的制定和实施离不开教育行政部门的指导和支持，管理人员需要主动与教育行政部门保持沟通，及时汇报工作进展，争取政策支持。例如，在申请各类教育项目和资金时，准备充分的材料，争取教育行政部门的支持。

政策导向不仅要求教学管理队伍落实现有政策，还需要具备前瞻性，积极参与政策的制定和修订。管理人员在实际工作中积累了丰富的经验，对政策的实施效果有深入了解，可以通过各种渠道向教育行政部门反馈政策实施中的问题和建议，参与政策的制定和修订。例如，管理人员可以通过参加教育行政部门组织的政策研讨会，提出政策建议，推动政策的优化和完善。

（八）绩效评估

科学的绩效评估体系不仅能够对教学管理人员的工作进行全面评价，还能为其提供及时的反馈，促进管理工作的改进和提升。通过绩效评估，可以激发管理人员的工作积极性和创造性，为学校的发展提供坚实的保障。高等学校的教学管理工作复杂多样，涵盖了课程安排、教学质量监控、教师培训等多个方面。通过科学的绩效评估体系，可以对管理人员的工作进行全面系统评价，了解他们的工作情况和存在的问题，为后续的改进提供依据。例如，学校可以通过定量和定性相结合的方式，对管理人员的工作绩效进行评估，既考虑工作量和完成质量，又重视工作态度和创新能力。

反馈是绩效评估的重要组成部分，通过定期反馈，可以帮助管理人员了解自己的优点和不足，明确改进方向。例如，在绩效评估过程中，评估小组可以与管理人员进行面对面沟通，详细反馈评估结果，提出具体的改进建议。同时，管理人员也可以根据反馈调整自己的工作方法和策略，提高工作效率和效果。学校可以发现教学管理工作中的薄弱环节，提出针对性改进措施。例如，如果在绩效评估中发现某个部门的教学质量监控存在问题，学校可以针对这一问题制定改进方案，加强对教学质量的监控和管理。同时，通过绩效评估的结果，还可以对管理人员进行培训和指导，帮助他们提升专业能力和管理水平。

科学合理的绩效评估体系可以通过明确的评估标准和公平的评估过程，激发管理人员的工作热情和动力。例如，学校可以通过绩效评估对表现优秀的管理人员进行表彰和奖励，激励他们继续努力工作。同时，对于绩效评估中表现不佳的管理人员，学校可以通过制定改进计划，帮助他们提升工作能力和绩效，从而形成良好的竞争和激励机制。绩效评估不仅要关注管理人员的工作结果，还要关注他们的工作过程和行为。例如，学校可以通过设立多维度的评估指标，对管理人员的工作绩效进行全面评价，包括工作质量、工作效率、创新能力、团队合作等多个方面。通过全面系统评估，可以更加准确地反映管理人员的工作情况，促进他们全面发展。

在实施绩效评估时，高等学校还应注重评估的公平性和公正性。公平公正的评估过程能够增强管理人员对评估结果的信任和接受度，减少评估中的矛盾和冲突。例如，学校可以通过设立独立的评估小组，严格按照评估标准和程序进行评估，确保评估过程的公开透明。同时，还可以通过引入第三方评估机构，对评估结果进行审核和监督，提高评估的公正性和权威性。绩效评估不仅是教学管理工作的重要环节，也是学校整体发展战略的一部分。例如，学校领导可以通过定期听取绩效评估工作报告，了解评估情况和存在的问题，及时做出决策和调整。同时，学校还可以通过制定绩效评估的相关政策和制度，保障评估工作的顺利进行。

第二节　高等学校教学管理队伍建设的重要性

一、提升教学质量

教学质量是学校教育工作的生命线，直接关系到学生的培养质量和学校的声誉。高等学校通过建设一支优秀的教学管理队伍，能够有效提升教学质量，确保学校的长远发展。教学管理人员需要深入了解学科特点和学生需求，结合教育目标和社会发展趋势，制定出符合实际的教学计划。通过科学的教学计划安排，管理人员可以优化课程设置，合理安排教学进度和内容，确保教学活动的系统性和连贯性。例如，管理人员可以根据不同专业的特点和需求，制定个性化的教学计划，满足学生多样化的发展需求，提升教学效果。

教学管理人员需要通过各种手段和方法，对教学过程进行全程监控，及时发现和解决教学中的问题。通过教学巡视、听课评课、教学检查等方式，管理人员可以掌握教学实际情况，发现教学中的不足之处。例如，通过定期的教学巡视和听课评课，管理人员可以了解教师的教学方法和学生的学习情况，及时提出改进建议，提高教学效果。通过科学的教学评估体系，教学管理人员可以对教学效果进行全面系统评估，了解教学目标的实现情况。教学评估不仅要关注学生的学习成绩，还要重视学生的学习过程和学习体验。例如，通过教学评估，可以发现哪些教学方法和手段对学生的学习效果最好，从而为教师提供改进教学的依据。

通过定期的教学质量监控和反馈，管理人员可以及时了解教学中的问题和不足。例如，通过教学质量问卷调查，了解学生对教学的反馈和建议，为教师改进教学提供参考。通过建立有效的反馈机制，教学管理人员可以不断优化教学方法和手段。高等学校需要通过系统培训和进修，不断提升教学管理人员的专业素质和管理能力。例如，通过组织教学管理培训班、教学研讨会和学术交流活动，帮助管理人员掌握最新的教育理论和管理方法，提高他们的专业水平和管理能力。高素质的教学管理人员能够科学合理地制定和实施教学计划，监控教学过程，评估教学效果，从而有效提升教学质量。

教学管理人员需要熟练掌握和运用各种现代教育技术，提升教学管理的效率和效果。同时，通过推广在线教育平台和数字化教学资源，丰富教学内容和形式，提升学生的学习体验和效果。高等学校需要为教学管理人员和教师提供良好的工作环境和充足的教学资源，确保教学活动的顺利开展。例如，通过改善教学设施和设备，为教师提供先进的教学工具和设备。同时，通过增加教学投入，丰富教学资源，为学生提供优质的学习条件和环境。

教学管理人员、教师和学生需要形成良好的互动和合作关系，共同推动教学质量的提升。例如，通过加强师生互动，了解学生的学习需求和反馈，不断改进教学方法和手段。同时，通过建立有效的沟通和合作机制，促进教师之间的经验交流和合作，共同探讨教学中的问题和解决方案。

二、促进教师专业发展

教学管理人员通过系统的培训和职业发展规划，帮助教师提升专业素质和教学能力，为他们提供必要的支持和资源，推动他们的专业成长和职业发展。这不仅有助于提高教师的教学水平，还能够提升整个学校的教育质量和声誉。科学的培训计划能够系统地提升教师的专业素质和教学能力。通过定期的培训班、讲座和研讨会，管理人员可以为教师提供最新的教育理论、教学方法和技术应用等方面的知识。例如，邀请国内外知名专家学者来校讲学，分享前沿的教育研究成果和实践经验，帮助教师开拓视野，提高他们的学术水平和教学能力。

学术交流活动为教师提供了一个互相学习和借鉴的平台，有助于他们不断更新和丰富自己的知识体系。例如，通过组织校内外的学术研讨会、教学观摩和案例分析等活动，教师可以交流教学心得，分享教学经验，讨论教学中的问题和解决方案。这样的学术交流不仅能够提升教师的专业水平，还能够增强教师之间的合作和互动，形成良好的学术氛围。职业发展规划能够帮助教师明确职业目标，制定合理的发展路径，提升他们的职业成就感和工作积极性。例如，教学管理人员可以根据教师的个人特点和职业需求，为他们制定个性化的发展计划，提供必要的职业指导和支持。通过定期的职业发展谈话和评估，管理人员可以了解教师的职业需求和发展意向，为他们提供相应的资源和机会，促进他们的职业发展。

激励机制能够激发教师的工作热情和创新能力，促进他们的专业发展。例如，通过设立优秀教师奖、教学创新奖等各种奖励，对在教学和科研中表现突出的教师进行表彰和奖励，激励他们不断追求卓越。同时，管理人员还可以通过职称评定、晋升机会等激励措施，激发教师的工作积极性，促进他们的专业成长和职业发展。教学管理人员需要帮助教师掌握和运用现代教育技术，提升他们的信息化教学能力。例如，通过组织信息技术培训班，帮助教师掌握教学软件的使用、在线教学平台的应用等技能，提高他们的信息化教学水平。同时，管理人员还可以鼓励教师利用网络资源进行自主学习，提升他们的专业素质和教学能力。

教学管理人员还应当关注教师的心理健康和工作生活平衡。教师的心理健康和工作生活平衡对他们的职业发展和教学效果有着重要影响。例如，管理人员可以通过开展心理健康讲座、组织团队建设活动等方式，帮助教师缓解工作压力，保持良好的心理状态。通过提供合理的工作安排和休假制度，管理人员可以帮助教师实现工作与生活的平衡，提高他们的工作满意度和职业幸福感。促进教师专业发展还需要建立完善的评估和反馈机制。通过科学评估和反馈，教学管理人员可以了解教师的专业发展情况，发现他们的优点和不足，提出改进建议和发展方向。例如，通过教学评估、学生反馈、同事评议等多种形式，对教师的教学效果和专业水平进行全面评估，帮助教师认识自身的优势和不足，明确改进方向和发展目标。

三、优化教学资源配置

通过科学规划和调度，教学管理人员能够合理分配教学资源，提升资源的利用率，确保教育资源得到最大化利用，从而提高教学效率和质量。合理的资源配置不仅可以满足学生的需求和教师的特长，还能避免资源的浪费，实现学校资源的优化配置。教学管理人员需要全面了解学校的教学资源现状，包括教师资源、教学设施、课程设置等，然后进行科学规划和调度。例如，在课程安排方面，管理人员需要根据学生的学习需求和教师的专业特长，合理安排课程，确保每一门课程都能得到充分的资源支持。通过科学的课程安排，既能满足学生的学习需求，又能充分发挥教师的专业特长。

教学管理人员需要根据不同课程和教学活动的需求，合理分配教师、教室、实验室等资源。例如，对于一些实验课程，需要配备相应的实验室和实验器材，确保实验教学的顺利进行。对于一些大型课程，需要安排足够的教室和教学设备，满足学生的学习需求。通过合理分配资源，可以确保每一项教学活动都能得到充分支持，提升教学质量和效率。此外，教学管理人员还需要建立健全的资源调度机制。通过有效的资源调度机制，可以实现资源的动态调整和优化配置。例如，在学期初，教学管理人员可以根据课程需求和资源情况，制定详细的资源调度计划，确保各项教学活动的顺利进行。在学期中，管理人员需要根据实际情况，及时调整资源配置，解决突发问题，确保教学工作的顺利开展。通过科学的资源调度机制，可以实现资源的最优配置。

教学管理人员可以利用现代信息技术，建立教学资源管理系统，实现资源的数字化管理和智能化调度。例如，通过教学资源管理系统，可以实现课程安排、教室预定、设备管理等工作的自动化，提高资源管理的效率和准确性。同时，通过数据分析，可以对资源的使用情况进行实时监控和评估，发现资源使用中的问题和不足，及时进行调整和优化，提高资源的利用率。在优化教学资源配置的过程中，教学管理人员还需要注重资源的均衡分配。学校的教学资源有限，如何实现资源的均衡分配是一个重要问题。管理人员需要根据各个学院和专业的实际情况，避免资源分配的不均衡。例如，在课程安排上，既要考虑热门专业的需求，也要兼顾冷门专业的需求，确保每一个专业都能得到应有的资源支持。同时，在教师资源的分配上，既要考虑资深教师的教学任务，也要给年轻教师提供教学机会，促进教师的均衡发展。

通过资源共享和合作，可以实现资源的最大化利用，提升资源的利用效率。同时，可以与其他高校和科研机构合作，共享教学资源和科研成果，实现资源的优化配置和互利共赢。教学管理人员还需要注重资源的长期规划和可持续发展。通过科学的资源规划和管理，可以实现资源的可持续利用，确保学校的长期发展。例如，在教学设施的建设和维护方面，需要制定长期规划，确保教学设施的合理使用和有效维护，提高设施的使用寿命和利用效率。同时，在教师队伍的建设和发展方面，需要制定长期的发展计划，确保教师资源的持续优化和提升。

四、推动教学改革创新

教学管理人员需要具备强烈的创新意识，敢于探索和实践新的教学模式和方法，以适应教育环境的不断变化和学生需求的多样化。通过不断深化教学改革，学校可以提升教学质量，提高学生的学习效果，推动学校教育事业的持续发展。教学管理人员需要具备创新意识，勇于打破传统教学模式的束缚。传统的教学模式往往以教师为中心，学生被动接受知识，缺乏主动参与和互动。管理人员需要通过创新教学模式，激发学生的学习兴趣和主动性。例如，可以推广以学生为中心的探究式教学模式，鼓励学生主动参与、思考和讨论，提升他们的自主学习能力和创新思维能力。

教学管理人员可以引入现代教育技术，推广线上线下结合的混合式教学模式，提高教学的灵活性和互动性。例如，通过利用在线教育平台，教师可以将课程内容提前上传，学生可以在课前进行预习，课堂上则主要进行讨论和互动，增强学生的参与感和学习效果。同时，在线教育平台还可以提供丰富的教学资源和工具，帮助教师提升教学质量。传统的教学方法往往以讲授为主，学生缺乏实践和应用的机会。管理人员可以通过引入实践教学、项目教学等新方法，增强学生的实际操作能力和综合素质。例如，可以组织学生进行项目研究、实验操作、社会实践等活动，培养他们的实践能力和创新精神。同时，可以通过引入案例教学、情景教学等方法，使教学内容更加生动和贴近实际，提高学生的学习兴趣和效果。

通过科学的评估体系，管理人员可以对教学改革的效果进行全面评价，发现和解决教学中的问题。例如，可以通过学生反馈、课堂观察、教学效果评估等多种方式，对新的教学模式和方法进行评估，及时调整和优化教学方案。同时，通过教学评估体系，还可以激励教师不断创新教学方法，提升他们的教学能力和水平。教学改革和创新需要丰富的教学资源支持，管理人员需要通过整合和共享校内外的教学资源。例如，可以通过建立教学资源共享平台，实现教师、学生、课程、实验室等资源的共享。同时，可以通过与其他高校和科研机构合作，推动教学改革和创新。

在推动教学改革和创新的过程中，教学管理人员需要注重教师的培训和发展。

教师是教学改革和创新的主力军，管理人员需要通过系统的培训和职业发展规划，提升教师的专业素质和创新能力。例如，可以组织教师参加各类培训班、研讨会和学术交流活动，学习最新的教育理论和教学方法，提高他们的教学能力和创新水平。同时，可以通过设立教学创新奖励机制，对在教学改革和创新中表现突出的教师进行表彰和奖励，激发他们的工作积极性和创新精神。管理人员需要通过制定和实施科学的管理制度，保障教学改革和创新的顺利进行。例如，可以制定教学改革和创新的激励政策，鼓励教师积极参与教学改革和创新活动。可以通过设立教学改革专项基金，为教师提供必要的经费支持。同时，可以通过建立教学改革和创新的评估和反馈机制，提高教学改革和创新的效果。

五、保障教学管理的规范化

建设一支高素质的教学管理队伍对于实现这一目标至关重要。科学的管理制度和流程是教学管理工作的基础，它们不仅为管理人员提供了明确的指导，还能确保各项管理工作有章可循。例如，详细的教学管理规章制度能够涵盖教学计划的制定、教学过程的监控、教学效果的评价等各个方面，从而提高管理工作的规范性和系统性。制度的设计需要充分考虑教学管理工作的实际需要，确保每一个环节都有据可依。例如，规章制度可以明确各科目的教学时间、课时分配和教学进度，以确保教学活动的有序进行。此外，教学管理规章制度还应包括教师的教学行为规范和学生的学习行为规范，通过明确各方的职责和权利，促进良好的教学秩序的形成。

监督机制可以帮助管理人员及时发现并纠正教学管理过程中存在的问题，从而保证各项管理工作的顺利进行。评估机制则能够通过定期的检查和反馈，对教学管理工作的效果进行全面的评估，从而为进一步的改进提供依据。例如，学校可以定期组织教学检查，邀请专家对教学质量进行评估，并根据评估结果对教学管理工作进行调整和改进。此外，教学管理的规范化还需要注重管理人员的专业素养提升。通过定期的培训和学习，管理人员可以不断更新知识，提升管理能力，从而更好地执行和落实各项管理制度。例如，学校可以组织管理人员参加教育管理研讨会，学习先进的管理理念和方法，借鉴其他学校的成功经验，从而不断完善自己的管理工作。

管理人员可以充分发挥各自的优势，共同解决教学管理中的难题。例如，在制定教学计划时，可以通过集体讨论的方式，集思广益，制定出更加科学合理的教学计划。在教学过程中，管理人员可以分工合作，互相支持，共同推动教学工作的顺利进行。同时，教学管理的规范化还需要管理人员具备良好的沟通能力。良好的沟通不仅可以促进管理人员之间的协作，还能增强师生之间的理解和信任。例如，管理人员可以通过定期的沟通会议，了解教师和学生的需求和意见，并及时反馈和解决他们的问题，从而提高管理工作的效率和效果。

虽然规章制度提供了明确的指导，但在实际操作中，管理人员需要根据具体情况进行适当的调整和优化。例如，在应对突发事件时，管理人员需要灵活运用规章制度，快速做出决策，以保障教学工作的正常进行。学校领导应当充分认识到教学管理工作的重要性，给予管理人员足够的权力和资源，支持他们的工作。例如，学校领导可以通过设立专项资金，支持教学管理队伍的建设和发展，鼓励管理人员积极参与各类培训和学习，从而不断提升他们的管理水平。

六、提高学生培养质量

建设一支优秀的教学管理队伍对于实现这一目标至关重要。科学的教学管理不仅能够确保教学内容和方法的合理性和科学性，还能为学生提供全面的素质教育。管理人员通过不断优化教学管理流程和制度，能够有效提升学生的学习效果和综合素质。管理人员需要根据社会和行业的发展需求，及时调整和优化课程设置，确保课程内容具有前瞻性和实用性。例如，随着科技的发展，信息技术类课程的设置显得尤为重要，通过增加这类课程，可以培养学生的科技素养和实践能力。同时，教学管理人员还应鼓励教师采用多样化的教学方法，如项目教学、案例教学和探究式学习，激发学生的学习兴趣和创新精神。

理论知识固然重要，但实践能力更是学生走向社会的关键。管理人员可以通过建立校企合作平台，组织学生参加实习和社会实践活动，增强他们的实际操作能力和解决问题的能力。例如，学校可以与企业合作，开设实践基地，让学生在真实的工作环境中进行学习和锻炼，从而更好地将理论知识应用于实际操作中。创新是社会进步的动力，培养学生的创新能力是教育工作的重要任务。管理人员可以通过设立创新实验室、组织创新竞赛等方式，提供学生展示和锻炼创新能力的平台。例如，学校可以定期举办科技创新大赛，鼓励学生提出创新方案和创意，通过竞赛的形式，激发学生的创新思维和创造力。

每个学生都有其独特的天赋和兴趣，教学管理人员应当关注学生的个体差异，提供多样化的教育资源和支持。例如，可以开设选修课程和兴趣小组，满足学生多样化的学习需求，激发他们的学习热情和潜力。管理人员还可以通过建立导师制度，为每个学生配备导师，提供个性化的学习指导和支持，帮助学生充分发挥其潜能。心理健康是学生全面发展的重要基础，管理人员应通过建立健全的心理健康教育体系，开展多种形式的心理健康教育活动，帮助学生建立健康的心理。例如，学校可以开设心理健康课程，聘请专业心理咨询师，定期为学生提供心理咨询服务，帮助他们缓解学习和生活中的压力，提高心理素质。

家庭是学生教育的重要环节，家校合作可以为学生的成长提供更全面的支持。管理人员可以通过定期举办家长会、家长开放日等活动，与家长进行沟通，了解学生在家的表现，形成家校教育的合力。例如，学校可以建立家校联系平台，及时向家长反馈学生的学习情况和表现，促进家长参与学生的教育和管理，共同推动学生的全面发展。充足的教学资源是高质量教育的保障，管理人员应通过优化资源配置，提高资源利用效率。例如，可以通过引进先进的教学设备和教材，改善教学环境。管理人员还可以通过建立资源共享平台，实现教学资源的共享和利用，提升教学资源的使用效益。

只有具备高素质的管理队伍，才能有效提升学生的培养质量。管理人员可以通过定期参加培训和学习，不断更新管理理念和方法，提高管理能力和水平。例如，学习先进的管理经验和方法，不断提升自身的专业素养，从而更好地服务于学生的教育和培养。

七、增强学校的竞争力

建设一支优秀的教学管理队伍是实现这一目标的关键。通过科学的教学管理，学校能够提高教学水平和声誉，从而吸引更多优质的生源和教师资源，提升学校的整体竞争力。例如，建立科学的绩效评估体系和激励机制，可以有效吸引和留住优秀的管理人才和教师，推动学校的持续发展。管理制度的完善能够为教学管理提供坚实的基础，确保各项管理工作的有序进行。例如，制定详细的教学管理规章制度，明确各部门的职责和工作流程，提高管理工作的规范性和效率。这些制度不仅能够帮助管理人员更好地开展工作，还能为教师和学生提供明确的行为准则。高素质的管理队伍不仅能够提高学校的教学质量，还能为学校的发展提供强有力的支持。充足的教学资源是学校竞争力的重要保障，管理人员应通过科学的资源配置。

优秀的教师是学校的核心竞争力，管理人员应通过科学的绩效评估体系和激励机制，吸引和留住优秀的教师。例如，学校可以通过设立教师奖项，鼓励教师在教学和科研方面取得优异成绩。同时，管理人员应注重教师的职业发展，通过提供培训和进修机会，帮助教师不断提升自己的专业水平，从而为学校的发展提供强有力的支持。学生的培养质量是学校竞争力的重要体现，管理人员应通过科学的教学管理，确保教学内容和方法的合理性和科学性。例如，通过调整和优化课程设置，培养学生的实践能力和创新精神，提高学生的综合素质。

品牌是学校竞争力的重要体现，管理人员应通过科学的品牌管理，提高学校的知名度和美誉度。例如，通过举办各类教育论坛和学术会议，提高学校的社会影响力。同时，管理人员应注重学校文化的建设，通过开展丰富多彩的校园活动，营造良好的校园氛围，提升学校的整体形象。家校合作是提升学校竞争力的重要途径，管理人员应通过建立健全的家校联系机制，促进家长和学校的沟通与合作。例如，通过定期举办家长会和家长开放日，了解家长的意见和建议，形成教育合力。管理人员还可以通过建立家校联系平台，促进家长参与学校管理，共同推动学校的发展。信息化是现代教育发展的重要趋势，管理人员应通过引进先进的信息化管理系统。例如，通过建立校园信息管理系统，实现教学管理、学生管理和资源管理的信息化。只有在学校领导的重视和支持下，教学管理队伍才能更好地发挥作用，为学校的竞争力提升提供强有力的支持。

八、应对教育环境变化

建设一支高素质的教学管理队伍对于应对这一变化至关重要。随着社会和科技的快速发展，教育环境不断变化，教学管理人员必须不断更新知识和技能，以适应新的教育需求和挑战。例如，通过持续培训和学习，管理人员可以掌握最新的教育技术和管理方法，从而提高应对能力。管理人员需要具备快速反应和灵活应对的能力，以应对各种突发情况和变化。例如，在应对突如其来的疫情时，管理人员需要迅速制定和实施远程教学方案，确保教学活动的正常进行。这要求管理人员不仅要具备丰富的管理经验，还要有敏锐的洞察力和决策能力，能够根据实际情况快速做出合理的应对方案。

通过不断学习和培训，管理人员可以更新管理理念和方法，提高自身的专业水平。例如，学校可以组织管理人员参加国内外教育管理研讨会，学习先进的教育管理经验和实践，从而不断提升管理水平。高素质的管理队伍不仅能够提高学校的应对能力，还能为学校的发展提供坚实的保障。现代教育技术的发展为教学管理提供了新的工具和手段，管理人员应积极应用这些技术，提高管理工作的效率和效果。例如，通过引入教育管理信息系统，可以实现教学管理的数字化和信息化，提高工作效率。同时，管理人员还可以通过利用大数据分析技术，对教学管理工作进行科学评估和优化，从而提高管理工作的精准性和科学性。

教育环境的变化不仅来自学校内部，也受到社会和行业发展的影响。管理人员应积极与社会和行业保持联系，了解最新的发展趋势和需求，从而及时调整和优化教学管理工作。例如，通过与行业企业的合作，可以为学生提供更多的实习和就业机会，提高学校的社会影响力和竞争力。随着时代的发展，学生的需求和期望也在不断变化，管理人员需要及时了解和回应这些变化，提供更加个性化和多样化的教育服务。例如，通过开展学生需求调查，了解学生的兴趣和需求，制定针对性的教学管理策略，提高学生的满意度和参与度。管理人员还可以通过建立学生反馈机制，及时收集和处理学生的意见和建议，改进教学管理工作，提高教育质量。

随着全球化的发展，教育环境也在不断国际化，管理人员需要具备国际化的视野和能力，才能应对这一变化。例如，通过参加国际教育管理交流与合作，管理人员可以了解和学习其他国家和地区的教育管理经验和做法，提高自身的国际化水平。学校还可以通过与国外高校的合作，引进优质的教育资源和项目，提升学校的国际竞争力。创新是应对变化的关键，管理人员应具备不断创新的意识和能力，才能在不断变化的教育环境中立于不败之地。例如，通过设立创新项目和平台，鼓励管理人员积极参与创新实践，提出和实施创新的管理方案，提高管理工作的创新性和实效性。学校还可以通过举办创新管理培训和竞赛，激发管理人员的创新思维和热情，不断提升管理水平。

九、实现学校发展目标

教学管理队伍建设是实现这一目标的关键保障。科学的教学管理能够确保教学工作的高效开展，推动学校的全面发展，从而达成既定的教育目标。例如，通过制定和实施战略性的发展规划，管理人员可以有效推动学校的发展进程，实现学校的愿景和使命。管理人员需要根据学校的实际情况和发展需求，制定科学合理的发展规划，明确学校的长远目标和阶段性目标。例如，学校可以制定五年或十年的发展计划，涵盖教学、科研、基础设施、师资队伍建设等各个方面，通过分阶段的目标实现学校的整体发展。这样的规划不仅能够为学校的发展提供明确的方向，还能为管理人员的工作提供具体的指导。

制定了科学的发展规划之后，关键在于如何高效地执行。管理人员需要具备强大的执行能力，能够按照规划的要求，逐步推进各项工作。例如，在实施新的教学改革方案时，管理人员需要协调各方资源，确保改革措施的顺利实施，并及时反馈和调整，以达到预期效果。高效的执行力不仅能够保障各项工作的顺利进行，还能提升学校的整体管理水平。实现学校发展目标需要充足的资源支持，管理人员需要通过科学的资源配置。例如，通过引进先进的教学设备和科研仪器，改善教学和科研条件，提高教学和科研质量。

第三节　高等学校教学管理队伍建设面临的挑战与机遇

一、高等学校教学管理队伍建设面临的挑战

（一）管理体制不完善

许多高校的教学管理制度存在不够科学的问题，这种缺乏系统性和规范性的管理体制导致管理工作难以有序进行。教学管理制度的不科学体现在管理流程的设计

上，流程往往缺乏严密的逻辑和规范的操作指引，使得管理人员在实际操作中感到无所适从。例如，在教学计划的制定和实施过程中，如果没有详细的操作流程和规范，管理人员在执行任务时可能会遇到各种不确定性和障碍，影响整体工作的效率和效果。一些高校的管理人员职责不够明确，职责分工不清晰。这种情况导致管理效率低下，甚至可能引发管理混乱。管理人员职责的不明确性可能表现在多个方面，例如，教学管理中的课程安排、教师评价、学生考核等环节，管理人员的具体职责没有明确界定，导致责任不清、任务不明。在实际操作中，这种不明确的职责划分容易导致工作推诿和效率低下，最终影响到教学管理工作的整体效果。

管理体制的不完善还体现在缺乏科学的监督和评估机制上。科学的监督和评估机制是保证教学管理制度得以有效执行的重要保障。然而，许多高校在这方面存在明显的不足。例如，在教学质量的监督和评估上，如果没有科学的评估指标和标准，管理人员在进行教学质量监控时往往难以做出客观和公正的判断。这不仅影响了教学质量的提升，还可能导致管理人员的工作积极性受挫。此外，管理体制的不完善还体现在信息传递和沟通机制的缺乏上。高校教学管理工作涉及多个部门和层级，如果没有高效的信息传递和沟通机制，各部门之间的协作和配合就难以顺畅进行。例如，在教学计划的制定过程中，如果教学管理部门与各教学单位之间缺乏有效沟通和信息共享，可能会导致教学计划无法及时调整和优化，影响教学工作的整体安排。

资源配置是教学管理工作的重要环节，如果高校的资源配置机制不合理，不仅影响教学管理工作的开展，还会导致资源浪费。例如，在教学资源的分配上，如果没有科学分配标准和流程，可能会出现资源分配不均的情况，重点部门和边缘部门之间的资源差距较大，影响整体教学管理水平的提升。管理体制的不完善还体现在缺乏系统的培训和发展机制上。高素质的教学管理人员是教学管理工作得以顺利进行的重要保障，但许多高校在这方面的投入和关注不够。例如，管理人员的培训和职业发展机会有限，导致其专业素养和管理能力难以提升，无法适应不断变化的教育环境和管理需求。缺乏系统的培训和发展机制，使得管理人员的工作积极性和创新能力受到限制，影响教学管理工作的整体效果。

管理体制的不完善还体现在绩效考核和激励机制的不健全上。科学的绩效考核和激励机制是提升管理人员工作积极性和效率的重要手段，但许多高校在这方面存在明显的不足。例如，绩效考核标准不明确，考核方式单一，无法全面和客观地反映管理人员的工作表现。这不仅影响了管理人员的工作积极性，还可能导致其工作动力不足，影响整体教学管理工作的开展。政策和制度的制定只是第一步。然而，许多高校在政策和制度的执行上存在力度不够的问题。例如，在执行教学改革政策时，如果没有强有力的执行和监督机制，政策和制度往往流于形式，难以产生实质性的效果。这种情况不仅影响了教学管理工作的有效开展，还可能导致管理人员和教师的信任度下降，影响学校的整体发展。如果没有系统的反馈机制，管理人员在执行任务时遇到的问题和困难难以及时得到反映和解决。缺乏系统的反馈和改进机制，也使得管理制度难以根据实际情况进行及时调整和优化，影响学校的整体管理水平。

（二）人员素质参差不齐

部分教学管理人员缺乏系统的教育管理培训，导致其专业素养和管理能力有待提高。这种缺乏培训的情况使得管理人员在实际工作中难以运用科学的管理方法和先进的管理理念。例如，一些管理人员在制定教学计划时，可能只依靠经验和直觉，缺乏系统的理论指导，导致教学计划的科学性和合理性不足。这种情况不仅影响了教学工作的效率，还可能导致教学质量的下降。一些教学管理人员缺乏创新意识和能力，这使他们难以应对快速变化的教育环境和不断涌现的新问题。现代教育环境瞬息万变，新技术、新理念不断涌现，管理人员如果缺乏创新意识和能力，就难以在变化中找到合适的应对策略。例如，在信息技术迅速发展的今天，教育信息化成为趋势，但如果管理人员缺乏对新技术的理解和应用能力，就难以推动学校的信息化建设，影响教育现代化进程。

高效的教学管理离不开良好的沟通和协调能力，但许多管理人员在这方面存在不足。例如，在处理教师和学生的矛盾时，一些管理人员缺乏有效的沟通技巧，导致矛盾升级，影响教学秩序的正常运行。这种情况不仅影响了教学管理工作的开展，还可能对学校的声誉和形象产生负面影响。此外，部分教学管理人员在解决问题的能力上也存在不足。在面对复杂的教学管理问题时，一些管理人员缺乏系统分析和解决问题的能力，往往只能头痛医头，脚痛医脚，不能从根本上解决问题。例如，在应对教学质量下降的问题时，管理人员可能只关注表面的教学结果，忽视了深层次的教学过程和方法的改进，导致问题无法得到有效解决。

管理人员的专业素养和能力不足，还影响了他们在教学管理中的决策水平。高质量的教学管理需要科学的决策支持，但许多管理人员在决策过程中缺乏足够的专业知识和数据支持，导致决策的随意性和盲目性。例如，在调整课程设置时，如果没有充分的市场调研和数据分析，决策可能无法满足学生和社会的需求，影响学校的培养质量和声誉。同时，教学管理人员的职业发展通道不够畅通，也影响了他们的积极性和工作热情。许多管理人员在职业发展上缺乏明确的晋升路径和发展机会，导致其工作动力不足。例如，一些管理人员长期从事基层管理工作，缺乏晋升和发展的机会，逐渐失去工作激情，影响工作效率和效果。这种情况不仅影响了管理人员个人的发展，也对学校的整体管理水平产生不利影响。

人员素质参差不齐还表现在管理人员的团队合作能力上。例如，在跨部门合作时，一些管理人员缺乏团队合作的意识和能力，导致工作协调不畅，影响整体工作的推进和落实。这种情况不仅降低了管理工作的效率，还可能引发部门之间的矛盾和冲突。另外，部分教学管理人员在应对突发事件的能力上也存在不足。在面对突发事件时，管理人员需要快速反应和有效应对，但许多管理人员在这方面缺乏经验和能力。例如，在突发公共卫生事件中，一些管理人员缺乏应急预案和处理能力，导致学校的应急管理工作滞后，影响师生的安全和健康。这种情况暴露了管理人员在应对突发事件方面的不足，需要通过系统的培训和演练加以改进。

高素质的教学管理人员不仅需要具备专业知识和技能，还需要有良好的职业道德和强烈的责任感。但在实际工作中，一些管理人员缺乏职业道德和责任感，工作中存在敷衍了事、推诿责任等现象。例如，在处理学生问题时，一些管理人员缺乏耐心和责任心，不能积极主动地解决问题，影响学生的学习和生活。这种情况不仅影响了管理工作的效果，还可能对学生的成长产生负面影响。

（三）资源配置不合理

教学管理工作的经费投入不足，是影响高等学校教学管理队伍建设的重要因素之一。经费投入不足导致管理人员无法充分开展培训和研究工作。这种情况直接限制了管理人员的专业发展和能力提升。例如，许多管理人员由于缺乏足够的经费支持，无法参加高水平的教育管理研讨会和培训课程，导致其管理理念和方法难以更新，专业素养难以提升。例如，一些重点学科和专业由于获得较多的资源支持，能够不断提升教学和科研水平，而边缘学科和专业则由于资源匮乏，难以开展必要的教学和科研活动，导致教学质量和科研水平下降。这种资源分配的不均衡，不仅影响了学校的整体发展，还可能引发教师和学生的不满，影响校园和谐。

许多高校在这方面的投入不足，导致教学设备陈旧、基础设施落后。例如，部分实验室由于缺乏更新设备的经费，实验器材和设备长期老化，无法满足现代教学和科研的需求。这不仅影响了学生的实践能力培养，也限制了教师的科研工作，进而影响学校的整体教学和科研水平。现代教学管理需要依托信息技术，但许多高校由于经费不足，无法进行充分的信息化建设。例如，缺乏先进的教学管理系统和数字化平台，管理工作仍停留在手工操作和传统模式上，效率低下，难以适应现代教育管理的需求。信息化水平的滞后，不仅影响了管理工作的效率和效果，还限制了教学管理的科学化和现代化进程。

许多高校在教学管理人员的配备上存在不足，导致管理工作负担过重，效率低下。例如，一些高校由于经费限制，无法聘请足够的管理人员，现有人员工作负荷过大，难以高效开展各项管理工作。这种情况不仅影响了管理人员的工作积极性和效率，还可能导致管理工作质量下降，进而影响学校的整体管理水平。高校需要加强国际合作与交流，但许多高校由于资源限制，难以开展大规模的国际合作项目。例如，缺乏经费支持，学校难以邀请国际知名学者来校讲学和合作研究，学生出国交流和留学的机会也有限。这不仅影响了学校的国际化水平，也限制了学生和教师的国际视野和竞争力。

高等教育的公平性和可及性是教育发展的重要目标，但由于经费限制，许多高校在学生资助方面存在不足。例如，贫困学生的奖学金和助学金不够，无法全面覆盖所有需要资助的学生，导致一些优秀但经济困难的学生无法顺利完成学业。这种情况不仅影响了教育公平，也对学校的声誉和社会形象产生负面影响。学科建设是高校发展的基础，但许多高校在这方面的投入不足，导致学科发展不平衡。例如，一些新兴学科和交叉学科由于资源匮乏，难以迅速发展，影响了学校的学科布局和整体竞争力。这种情况不仅影响了学校的综合实力，也限制了学校在新兴领域的研究和创新能力。例如，缺乏足够的经费支持教师参加国内外学术交流和培训，影响了教师的专业发展和学术水平提升。这不仅限制了教师的个人发展，也对学校的教学和科研水平产生不利影响。高等学校不仅是教学和科研的重要基地，也是服务社会的重要力量。但由于资源限制，许多高校在社会服务方面的投入不足。例如，缺乏足够的经费支持学校开展社会服务项目和活动，限制了学校服务社会的能力和影响力。这种情况不仅影响了学校的社会责任履行，也对学校的社会形象和声誉产生不利影响。

（四）信息化水平落后

一些高校的信息化基础设施建设滞后，导致其无法满足现代教学管理的需求。这种滞后表现为硬件设施的缺乏和软件系统的落后。例如，一些高校的计算机设备陈旧，网络设施不完善，无法支撑高效的信息化管理工作。此外，教学管理系统和平台的功能单一，缺乏集成性和扩展性，难以适应现代教学管理的复杂需求。这些基础设施的不足，严重制约了学校教学管理的信息化进程。管理人员对信息化工具的应用不熟练，也导致信息化管理水平较低。许多高校的管理人员在日常工作中，仍然依赖传统的手工操作和纸质文档处理，缺乏对现代信息化工具的熟练应用。信息化工具应用的不熟练，直接影响了管理工作的效率和准确性。

许多高校在推进信息化管理的过程中，忽视了对管理人员的信息化技能培训。例如，学校引进了先进的教学管理系统，但未能及时对管理人员进行系统的培训和指导，导致他们在实际操作中难以熟练应用新系统，信息化管理水平难以提升。缺乏系统的培训和指导，使得信息化工具的优势难以充分发挥，影响了管理工作的效率和效果。现代教学管理需要大量的数据支持，但许多高校在数据的收集、存储和利用方面存在明显不足。例如，教学数据和学生数据的采集和存储不规范，数据缺乏统一的标准和格式，难以进行有效分析和利用。数据管理和利用的不足，不仅影响了管理人员对教学和学生情况的全面掌握，也限制了教学管理工作的科学性和精准性。

高效的信息化管理能够为管理决策提供强有力的数据支持，但许多高校在这方面存在明显不足。例如，在制定教学改革方案时，如果缺乏系统的数据分析和决策支持工具，管理人员可能只能依靠经验和直觉做出决策，难以保证决策的科学性和合理性。信息化管理水平的落后，使得管理决策缺乏数据支撑，影响了决策的质量和效果。现代教学质量监控和评价需要依托信息技术，但许多高校在这方面的应用不够。例如，教学质量的监控仍然依赖于传统的手工检查和纸质记录，难以实现实时和全面的监控。缺乏有效的信息化监控和评价工具，使得教学质量管理难以达到预期效果，影响了学校的教学质量和水平。

高效的信息化管理能够促进师生之间的互动和沟通，但许多高校在这方面存在不足。例如，缺乏完善的在线沟通平台和工具，师生之间的沟通仍然依赖于传统的面授和纸质通知，难以满足现代教学管理的需求。信息化工具的缺乏，使得师生之间的沟通效率低下，影响了教学管理工作的开展。例如，教学资源和科研资源的共享平台建设滞后，各部门和学院之间的信息和资源难以共享，影响了资源的利用效率。资源共享和利用的不足，不仅限制了教学管理工作的开展，也影响了学校的整体发展水平。

高校需要加强国际合作和交流，但信息化水平的落后，限制了国际合作和交流的开展。例如，缺乏先进的国际合作管理系统和平台，难以高效管理和协调国际合作项目，影响了学校的国际化水平。信息化水平的落后，不仅影响了学校的国际竞争力，也限制了师生的国际视野和发展机会。高效的信息化管理能够促进教学和科研的创新，但许多高校在这方面的应用不足。例如，缺乏完善的创新管理系统和平台，难以高效管理和支持创新项目，影响了学校的创新能力。

（五）教师队伍建设滞后

高校教师流动性大，导致管理人员难以稳定高素质的教师队伍。这种高流动性不仅影响了教学质量，还对学校的整体发展产生了负面影响。例如，一些优秀的教师由于待遇问题或职业发展受限，选择离开学校，导致原有的教学计划和课程设置被打乱，学生的学习效果受到影响。频繁的教师更替，使得学校难以形成稳定的教学团队，影响了教育质量的持续提升。教师的继续教育和培训机会有限，导致其专业发展受到限制。这种情况使得教师难以适应不断变化的教学需求和教育环境。例如，随着科技的快速发展，新的教学方法和工具不断涌现，但许多教师由于缺乏系统培训，难以掌握和应用这些新技术，教学效果难以提升。有限的继续教育和培训机会，使得教师的知识和技能更新速度跟不上教育发展的步伐，影响了教学质量。

许多高校在教师的职业发展上缺乏系统规划和支持，导致教师的职业前景不明朗。例如，一些教师在教学和科研中取得了显著成绩，但由于缺乏晋升机会和职业发展通道，逐渐失去了工作的积极性和动力。这不仅影响了教师的个人发展，也对学校的教学和科研水平产生了不利影响。职业发展通道的不畅，使得许多教师在职业生涯中感到迷茫，难以发挥其应有的潜力和作用。许多高校的教师面临着繁重的教学任务和科研压力，难以平衡教学、科研和个人生活。例如，一些教师由于教学任务繁重，难以抽出时间进行科研和自我提升，导致其科研能力和教学质量难以提升。高强度的工作压力，不仅影响了教师的身心健康，也影响了其教学效果和学生的学习体验。教师的工作压力和负担问题，需要通过合理的工作安排和有效的支持措施加以解决。

高素质的教师是教育创新的重要推动力，但许多高校由于教师队伍建设滞后，难以形成强大的教育创新团队。例如，一些高校在推进教育改革和创新时，缺乏足够的教师支持，导致改革措施难以顺利实施和推广。这不仅影响了教育改革的效果，也限制了学校的创新能力和竞争力。教师队伍建设滞后，使得学校在教育创新上存在明显不足，影响了教育质量和学生的发展。例如，缺乏具有国际视野和跨文化交流能力的教师，学校在开展国际合作项目和交流活动时面临诸多困难。

许多高校的教师队伍存在年龄结构不合理和学科结构不平衡的问题。例如，一些学科领域的教师年龄偏大，缺乏年轻有为的后备力量，影响了学科的发展和传承。同时，学科结构的不平衡，导致一些新兴学科和交叉学科的师资力量不足，影响了这些学科的发展。但由于教师队伍建设滞后，许多高校在社会服务方面存在不足。例如，缺乏足够的教师力量支持学校开展社会服务项目和活动。这不仅影响了学校的社会责任履行，也对学校的社会形象和声誉产生负面影响。

二、高等学校教学管理队伍建设的机遇

（一）信息技术的快速发展

信息技术的快速发展为高校教学管理队伍建设提供了前所未有的机遇。先进的信息技术可以提升教学管理的效率和效果。例如，教学管理系统、在线教学平台和数据分析工具的应用，可以实现教学资源的优化配置、教学质量的实时监控和科学评估。通过信息技术的应用，管理人员能够更好地掌握教学动态，及时发现和解决问题，提高管理工作的精准度和科学性。此外，信息技术的发展还为管理人员的培训和学习提供了丰富的资源和平台。例如，通过在线课程和虚拟研讨会，管理人员可以随时随地进行专业学习和交流，不断提升自身的专业素养和管理能力。

（二）教育改革的深入推进

教育改革的深入推进为高校教学管理队伍建设创造了良好的政策环境。随着国家对教育质量和管理水平的重视，各项教育改革政策不断出台，为高校教学管理工作提供了明确的指导和支持。例如，国家教育部门提出的"以人为本"的教育理念和"创新驱动"的发展战略，要求高校不断提升管理水平和创新能力。这为高校教学管理队伍建设提出了新的要求和目标，同时也提供了政策支持和资金投入。通过教育改革，高校可以借助政策的东风，积极推进管理体制的改革和创新，提升教学管理队伍的整体素质和能力。

（三）国际化进程的加快

全球化和国际化进程的加快为高校教学管理队伍建设提供了广阔的视野和发展机遇。国际化不仅是高校提升竞争力的重要途径，也是教学管理队伍建设的重要方向。通过国际合作与交流，管理人员可以学习和借鉴国际先进的管理理念和方法，提高自身的管理水平。例如，通过参加国际教育管理研讨会、访问国际知名高校和参与国际合作项目，管理人员可以拓宽视野，提升国际化能力。此外，国际化进程

还促进了高校间的师生交流和资源共享，为管理人员提供了更多的发展机会和平台，有利于全面提升教学管理队伍的素质和能力。

（四）社会需求的多样化

社会需求的多样化为高校教学管理队伍建设提出了新的要求和挑战，但同时也带来了发展的机遇。随着社会和经济的快速发展，社会对高素质人才的需求日益增长，这对高校的人才培养提出了更高的要求。管理人员需要不断提升自身的专业素养和管理能力，才能更好地适应和满足社会的需求。例如，社会对创新型和应用型人才的需求增加，要求管理人员在课程设置、教学方法和学生培养模式上进行创新和改革。此外，社会的多样化需求还促使高校加强与企业和社会各界的合作，通过校企合作、产学研结合等方式，提升教育质量和管理水平。这些需求和变化，为高校教学管理队伍建设提供了广阔的发展空间和机遇。

第二章 高等学校教学管理队伍的组成与职责

第一节 高等学校教学管理队伍的组成与职责划分

一、教学管理人员

（一）教务处管理人员

教务处管理人员负责课程安排，确保每个学生能够按照教学计划正常上课。这一工作不仅仅是简单的排课，还包括统筹考虑教师的时间安排、教室的使用情况以及学生的课程冲突等多方面因素。为了实现最优化的课程安排，教务处管理人员需要具备出色的组织能力和协调能力，同时还要熟悉各类排课软件和工具，以提高工作效率。考试管理是教务处管理人员的另一项重要职责。他们需要制定考试计划，安排考试时间和地点，并确保考试过程的顺利进行。每次考试都是对教务处管理人员的一次考验，他们必须确保考场的设置符合标准，考试的组织井然有序。此外，他们还要负责监考教师的安排，确保每个考场都有足够的监考人员以维持考试的公平和秩序。

学籍管理包括学生的入学、注册、转学、休学、复学、毕业等各个环节。教务处管理人员需要对每个学生的学籍信息进行详细记录和维护，确保学籍信息的准确和完整。这不仅需要细致的工作态度，还需要熟悉相关的政策法规，以便及时处理学籍管理中遇到的各种问题和挑战。教务处管理人员的工作还涉及与学生、教师和家长的沟通与协调。无论是课程安排、考试管理还是学籍管理，都需要与多方进行沟通，确保信息传递的准确性和及时性。在考试管理方面，他们需要及时向学生传达考试安排和注意事项；在学籍管理方面，他们需要解答学生和家长的各种疑问，并提供相关的指导和帮助。

为了提升工作效率和服务质量，教务处管理人员还需不断学习和掌握新的管理工具和技术。随着信息技术的发展，许多学校引入了学籍管理系统、在线排课系统和考试管理系统等先进工具。教务处管理人员需要熟练掌握这些工具的使用，以提高工作效率和准确性。教务处管理人员的工作具有高度的责任感和使命感。他们不仅仅是学校教学工作的执行者，更是教学管理的协调者和推动者。通过他们的努力和付出，学校的教学工作才能顺利进行，学生的学习生活才能井然有序。面对烦琐的事务和繁重的任务，他们始终以高度的责任感和专业精神投入工作，确保每一项教学事务都得到妥善处理。

（二）系主任及专业负责人

系主任及专业负责人在教育体系中占据着关键位置，他们负责本系或专业的教学计划制定，确保教学内容与时代发展和行业需求相适应。这项工作要求他们深入了解学科发展趋势，结合学校整体教学目标，制定出科学合理的教学计划。通过调研和分析，他们确定课程的设置和调整方向，力求让学生在学习过程中掌握最新的专业知识和技能。为了使教学计划得以顺利实施，课程设置是系主任及专业负责人的一项重要任务。他们需要根据教学计划制定详细的课程安排，确定必修课、选修课和实践课的比例。这个过程需要综合考虑课程的难度、学生的接受能力和教学资源的配置。他们不仅要确保课程设置的合理性和连贯性，还要根据学生的反馈和教学效果进行动态调整，不断优化课程体系。

在师资安排方面，系主任及专业负责人承担着重要的管理职责。他们需要根据课程设置和教学计划，合理分配教师资源，确保每门课程都有合适的教师授课。他们还需关注教师的专业发展，鼓励教师参加各种培训和学术交流活动，提高教学水平和科研能力。通过合理的师资安排和科学管理，系主任及专业负责人为学生提供优质的教学服务。此外，系主任及专业负责人还负责协调教学与科研的关系，推动学科建设和专业发展。他们需要制定学科发展规划，鼓励教师参与科研项目，提升专业的学术影响力。通过积极引导和支持，他们推动本系或专业在科研领域取得突破，为教学工作提供坚实的学术支持。

系主任及专业负责人还需关注学生的学习效果和成长发展。他们定期组织教学评估和学生反馈，了解教学过程中存在的问题和不足。根据评估结果，他们及时调整教学策略，改进教学方法。通过不断改进和优化，他们确保学生在学习过程中获得良好的教育体验，全面提升学生的综合素质。管理教学资源和设施也是系主任及专业负责人的职责。他们需要统筹安排实验室、图书馆等教学资源，确保教学设施的正常运行和合理使用。他们还需与学校的相关部门协调，争取更多的资源支持，改善教学条件，提升教学环境的质量。

为了推动专业的国际化发展，系主任及专业负责人还需积极开展国际交流与合作。他们与国外知名高校和科研机构建立合作关系，开展联合培养、学术交流和科研合作项目。通过国际化的发展，他们为学生提供更多的学习和发展机会，提升专业的国际竞争力。在教学管理过程中，系主任及专业负责人还需关注教师的工作状态和职业发展。他们关心教师的工作压力和职业倦怠，提供必要的支持和帮助，营造良好的工作氛围。同时，他们还需制定教师的职业发展规划，鼓励教师不断进取，提升专业水平和教学能力。

（三）教学秘书

教学秘书在教育管理体系中扮演着不可或缺的角色，他们的主要职责是协助教务处及系主任处理日常教学管理事务，确保教学工作的顺利进行。首先，他们在课程安排和调整方面发挥着重要作用。教学秘书需要根据教务处的指示和系主任的要求，编排每学期的课程表，确保各门课程不发生冲突，并合理安排教室和时间。他们需要细致耐心地处理各类突发情况，如教师调课、学生选课变化等，确保课程安排的顺畅。教学秘书还负责考试管理工作。他们需要协助教务处制定考试计划，包括考试时间、地点、监考人员安排等。考试期间，他们负责考场布置和考务安排，确保考试过程有序进行。考试结束后，教学秘书还需协助教师完成试卷批改和成绩录入工作，确保成绩统计的准确性和及时性。

教学秘书需要维护学生的学籍信息，包括新生入学注册、在校生学籍变动、毕业生信息更新等。他们需要与各系部、教务处密切合作，确保学籍管理工作的顺利进行。学籍信息的准确性直接影响到学生的毕业资格审查和各类奖学金的评定，因此教学秘书在这项工作中需保持高度的责任心和严谨的工作态度。教学秘书还负责教学资料的整理和归档工作。每学期结束后，他们需要收集整理教师的教学计划、课程大纲、教学进度表等文件，并进行归档保存。这些资料不仅是教学工作的记录，也是评估教学质量和改进教学方法的重要依据。

与学生的沟通和服务也是教学秘书工作的重要部分。他们需及时解答学生在选课、考试、学籍等方面的问题，帮助学生解决在学习过程中遇到的各种困难。通过耐心细致工作，教学秘书不仅为学生提供了良好的服务，也为教学管理工作提供了有力支持。他们在日常工作中需要具备良好的沟通能力和服务意识。为了提高工作效率，教学秘书还需熟练掌握各类办公软件和管理系统。现代教学管理工作离不开信息化工具的支持，教学秘书需要熟练使用教务管理系统、学籍管理系统等工具。同时，他们还需关注信息技术的发展，不断学习新的管理工具和方法，以适应教学管理工作的需要。

教学秘书还需与教务处、系主任及各部门保持密切沟通与合作。他们需要及时传达各项教学管理政策和通知，协调各方资源。通过良好的沟通和协调，教学秘书能够有效解决教学管理中遇到的问题，确保各项工作顺利开展。他们不仅是教学管理工作的执行者，更是教学管理工作的推动者。通过他们的努力，教学管理工作才能有条不紊地进行，教学质量才能得到保障。教学秘书需要具备高度的责任心、细致耐心的工作态度和良好的沟通协调能力，才能胜任这项复杂而重要的工作。

二、行政管理人员

（一）校长及副校长

校长及副校长在学校的管理体系中担负着至关重要的职责，负责全校的总体教学管理、政策制定及实施监督。他们的首要任务是制定学校的发展战略和教学目标，确保学校教育质量的稳步提升。校长及副校长通过深入分析教育发展趋势，结合学校实际情况，制定出符合学校发展的中长期规划和年度计划，为学校的长远发展指明方向。在政策制定方面，校长及副校长需要考虑教育政策、社会需求和学校特点等多方面因素，制定出科学、合理的教学政策和管理制度。这些政策包括教学计划、课程设置、师资培训、考核评价等，涵盖了学校教学管理的各个环节。他们需要不断修订和完善这些政策，确保其适应教育发展的新形势和新要求。

校长及副校长还需监督政策的实施，确保各项教学管理工作落到实处。他们通过定期检查和评估教学工作，及时发现和解决教学管理中存在的问题。通过科学的监督机制，他们能够有效推动教学改革。校长及副校长需要具备高度的领导能力和决策能力，以确保学校各项工作的有序开展。在课程设置和教学计划制定方面，校长及副校长起着重要的指导和决策作用。他们需要根据国家教育方针和学校发展目标，制定出科学合理的课程体系和教学计划。通过优化课程设置和教学内容，他们为学生提供全面、系统的知识和技能培养，促进学生的全面发展。同时，校长及副校长还需关注教学计划的实施情况，通过督导和检查，确保教学计划的顺利执行。

校长及副校长在师资队伍建设方面也承担着重要职责。他们需要制定师资培训计划，提升教师的教学能力和专业水平。通过引进高水平人才和开展教师培训，他们不断优化师资结构。此外，校长及副校长还需关注学生的发展和需求。他们需要制定学生管理政策，确保学生在校期间的安全和健康发展。通过开展丰富多彩的校园活动和提供多样化的学习资源，他们为学生创造良好的学习和生活环境。校长及副校长还需关注学生的心理健康，提供必要的心理辅导和支持，帮助学生克服学习和生活中的困难。

校长及副校长还需与家长、社区和教育主管部门保持良好的沟通与合作。他们需要定期召开家长会和社区联席会议，了解家长和社区对学校工作的意见和建议。通过与教育主管部门的沟通，他们能够及时获取教育政策和信息，确保学校各项工作的顺利开展。校长及副校长通过积极沟通和合作，增强了学校的社会影响力和公信力。为了提升学校的办学水平，校长及副校长还需不断进行教育教学改革和创新。他们需要关注教育科技的发展和应用，积极引进先进的教育技术和教学方法，提高教学效率和效果。通过开展教育科研和教学实践，他们为学校的发展注入新的活力。校长及副校长还需鼓励教师参与教育科研，推动教育教学改革的深入开展。

（二）各职能部门负责人

各职能部门负责人在学校管理体系中担负着重要责任，如人事处、财务处等部门的负责人，他们负责教学管理所需的人力、物力、财力资源的保障和调配。首先，人事处负责人在教师招聘、培训和管理方面起着关键作用。他们需要制定科学的招聘计划，确保学校拥有高素质的师资队伍。通过招聘优秀教师并提供持续的专业发展机会，人事处负责人为教学质量的提升奠定了坚实基础。他们负责制定和执行预算，确保学校各项资金的合理分配和使用。财务处负责人需精打细算，合理安排教学和科研资金的使用，确保每一分钱都用在刀刃上。同时，他们还需定期向校领导和各部门汇报财务状况，为学校的财务决策提供可靠依据。通过科学的财务管理，他们为教学管理提供了坚实的财力保障。

物资管理部门负责人在教学设备和资源的配置方面也起着不可或缺的作用。他们需要采购和维护教学设备，确保教学设施的完备和正常运转。无论是实验室设备、图书馆资源，还是多媒体教学工具，物资管理部门负责人都需要精心挑选和合理配置，确保教学资源的最大化利用。他们还需定期检查和维护设备，及时更新和维修，保障教学工作的顺利进行。此外，后勤保障部门负责人负责校园环境的管理和维护。他们需确保校园环境的整洁、安全和美观，为师生提供良好的学习和工作环境。通过对校园基础设施的管理和维护，后勤保障部门负责人有效支持了学校的教学管理工作。他们还需应对突发事件，及时处理各类后勤问题，确保校园秩序的稳定和正常运行。

信息技术部门负责人负责学校信息化建设和管理，确保各类教学管理系统的正常运行。通过引进和维护先进的信息技术设备和系统，信息技术部门负责人提升了学校管理的效率和效果。他们还需提供技术支持和培训，帮助教师和学生熟练使用各类信息化工具，为教学管理提供有力的技术支持。学生事务部门负责人则在学生管理和服务方面发挥重要作用。他们需制定和实施学生管理政策，确保学生在校期间的良好表现和全面发展。通过组织各种学生活动和提供心理辅导，学生事务部门负责人帮助学生解决学习和生活中的问题，促进他们的身心健康发展。通过良好的学生管理和服务，他们为教学管理提供了有力保障。

各职能部门负责人需要密切合作，形成合力。人事处、财务处、物资管理部门、后勤保障部门、信息技术部门和学生事务部门的负责人需定期召开联席会议，沟通和协调各自的工作，确保教学管理工作的顺利进行。他们需要共同面对和解决教学管理中遇到的各种问题和挑战，确保各项资源的有效利用和优化配置。各职能部门负责人还需关注教育政策和社会需求的变化，及时调整和优化各自的管理措施。他们需要不断学习和掌握新的管理理念和技术，提升自身的管理能力和水平。通过不断学习和进步，各职能部门负责人能够更好地支持和保障教学管理工作的顺利进行。

（三）办公室管理人员

办公室管理人员在学校管理体系中发挥着至关重要的作用，他们负责日常行政事务的处理，协调各部门间的沟通与合作，确保教学管理工作的高效运转。首先，他们承担了大量的文书工作，如文件起草、会议记录、档案管理等。这些工作虽然烦琐，但对于学校的规范管理和高效运行起到了基础性的保障作用。办公室管理人员需要具备出色的文字处理能力和细致耐心的工作态度，确保每一份文件的准确性和及时性。同时，办公室管理人员还负责组织和协调各种会议和活动。他们需提前安排会议的时间、地点，通知相关人员，并准备会议所需的资料。会议结束后，他们还需整理会议记录，确保会议决议和工作安排能够得到有效落实。通过高效的会议组织和协调，办公室管理人员为学校的教学管理提供了有力支持。

在信息沟通方面，办公室管理人员是各部门之间的重要桥梁。他们需要及时传达校领导的指示和决策，并将各部门的反馈意见汇总上报。他们还需协调各部门之间的沟通与合作，解决各类矛盾和问题，确保各项工作能够顺利推进。通过有效沟通和协调，办公室管理人员促进了各部门的协同合作，提升了学校的整体管理效率。此外，办公室管理人员还需负责接待来访人员和处理对外联络事务。他们需要热情接待来访的家长、学生和社会各界人士，解答他们的咨询和疑问，并根据实际情况提供相关帮助。对于对外联络事务，他们需及时处理各种来信、来电，确保学校与外界的顺畅沟通。通过良好的接待和对外联络，办公室管理人员提升了学校的形象和声誉。

办公室管理人员的工作还涉及学校的物资管理和采购。他们需根据各部门的需求，协调物资的采购和分发，确保教学和办公所需的物资能够及时到位。他们还需定期检查物资的使用情况，避免浪费和积压，确保物资的高效利用。通过科学的物资管理，办公室管理人员为学校的日常运转提供了坚实保障。在处理突发事件方面，办公室管理人员也起着重要作用。无论是突发的设备故障、突如其来的外部干扰，还是紧急的公共卫生事件，办公室管理人员都需迅速响应，妥善处理，确保学校的正常运转。他们需具备良好的应急处理能力和冷静的判断力，能够在关键时刻迅速采取有效措施，保障学校的安全和稳定。

为了提升工作效率，办公室管理人员还需熟练掌握各类办公软件和信息化管理系统。通过使用现代化的办公工具，他们能够提高文书处理、信息传递和事务管理的效率。同时，他们还需不断学习和掌握新的管理技术和方法，提升自身的专业素养和工作能力，适应不断变化的工作需求。在学校的日常管理中，办公室管理人员还需关注各类规章制度的落实情况。他们需监督和检查各部门的工作，确保各项规章制度的严格执行。对于发现的问题和不足，他们需及时反馈并提出改进建议，推动学校管理的规范化和制度化。通过严格的制度落实，办公室管理人员为学校的长远发展奠定了坚实基础。

三、学生管理人员

（一）辅导员及班主任

辅导员及班主任在学生管理和教育体系中扮演着极其重要的角色，他们负责学生的思想政治教育、学习生活指导、心理健康辅导，并协调师生关系。首先，辅导员及班主任的首要任务是进行思想政治教育。他们通过定期的主题班会、专题讲座和一对一谈话，向学生传达党的方针政策、社会核心价值观以及学校的规章制度，帮助学生树立正确的人生观、价值观和世界观。在这一过程中，他们需要具备较高的政治素养和较强的沟通能力，能够深入浅出地引导学生思考和理解。他们需了解每个学生的学习情况，帮助学生制定合理的学习计划，并提供必要的学习资源和方法指导。通过定期的学习情况交流会和个别辅导，他们帮助学生解决学习上的困难和疑惑，提升学习效率。同时，辅导员及班主任还需关注学生的生活状况，帮助他们解决在生活中遇到的各种问题，为学生创造一个良好的学习和生活环境。

辅导员及班主任需关注学生的心理状态，及时发现和处理学生的心理问题。通过定期的心理健康教育活动和个别心理辅导，他们帮助学生树立健康的心理观念，提升心理素质。辅导员及班主任还需与学校的心理咨询中心保持密切联系，共同为学生提供专业的心理支持和帮助。在处理学生的心理问题时，他们需要具备较强的心理学知识和较高的情感共情能力，能够与学生建立信任关系，帮助他们走出心理困境。他们需在教师和学生之间搭建沟通的桥梁，及时传达双方的意见和建议，促进师生之间的理解和合作。通过定期组织师生交流会和互动活动，辅导员及班主任帮助师生增进了解，化解矛盾，营造和谐的师生关系。此外，他们还需关注教师对学生的教育和管理方式，提供指导和建议，帮助教师提升教育管理能力。

辅导员及班主任还需组织和开展丰富多彩的课外活动。他们通过组织各类社团活动、体育比赛、文艺演出等，丰富学生的课外生活，培养学生的兴趣爱好和综合素质。辅导员及班主任需具备较强的组织能力和创新能力，能够设计和实施具有吸引力和教育意义的活动，激发学生的参与热情和积极性。在学生管理工作中，辅导员及班主任还需关注学生的成长和发展，提供职业规划和就业指导。他们通过开展职业规划讲座、组织企业参观和实习活动，帮助学生了解职业世界，明确职业目标。辅导员及班主任还需指导学生撰写简历、准备面试，提供就业信息和资源，帮助学生顺利踏上职业道路。他们需具备较强的职业指导能力和广泛的社会资源，能够为学生提供切实可行的职业发展建议和支持。

为了更好地完成工作，辅导员及班主任需不断提升自身的专业素养和工作能力。他们需参加各类培训和学习活动，掌握最新的教育管理理论和方法，提升自己的思想政治素质和工作水平。通过不断学习和实践，辅导员及班主任能够更好地适应学生管理工作的需要，为学生的成长和发展提供更加优质的服务。

（二）学生事务办公室人员

学生事务办公室人员在学校管理体系中扮演着至关重要的角色，他们负责处理学生的学籍管理、奖惩事务、活动组织等，确保学生在校期间的全面发展。首先，他们的工作之一是学籍管理，这包括新生入学注册、在校生学籍变更、转学、休学、复学、毕业等诸多方面。通过精细化的管理，他们确保每个学生的学籍信息准确无误，为学生的学业和未来发展提供保障。学生事务办公室人员需要熟悉学籍管理系统和相关政策法规，以便高效、规范地完成各项工作。在奖惩事务方面，学生事务办公室人员负有重要职责。他们负责评选和管理各类奖学金、助学金及优秀学生奖项，通过公正、透明的评选机制，激励学生努力学习、积极进取。同时，他们还需处理学生的违纪行为，根据学校的规章制度，实施相应的惩戒措施，以维护校园的纪律和秩序。在处理奖惩事务时，学生事务办公室人员需具备公正的态度和细致的工作方法，确保每一项决定都能经得起考验。

学生事务办公室人员还需组织和协调各类学生活动，丰富学生的课余生活。这些活动包括体育比赛、文化艺术节、科技创新大赛、志愿服务活动等。通过精心策划和组织，他们为学生提供展示才华、培养兴趣、锻炼能力的平台。学生事务办公室人员需要具备出色的组织协调能力和创新思维，能够设计出既具有吸引力又富有教育意义的活动，激发学生的参与热情和创造力。此外，学生事务办公室人员还承担着学生心理健康辅导的职责。他们需要关注学生的心理状态，及时发现并干预学生的心理问题。学生事务办公室人员需要具备一定的心理学知识和沟通技巧，能够有效地与学生建立信任关系，为学生提供专业的心理辅导和支持。

在日常工作中，学生事务办公室人员还需处理各种学生事务咨询和服务工作。无论是学籍问题、奖学金申请，还是活动报名、宿舍安排，学生事务办公室人员都需耐心解答学生的疑问，提供必要的帮助和指导。他们是学生与学校之间的重要桥梁，通过高效、热情服务，增强学生对学校的归属感和满意度。学生事务办公室人员还需不断学习和掌握现代化的管理工具和方法。通过使用信息化管理系统，他们能够更加高效地处理学籍管理、奖惩事务和活动组织等工作。

学生事务办公室人员的工作还涉及与家长、教师和其他职能部门的沟通与协调。他们需及时向家长通报学生的在校表现，听取家长的意见和建议，共同帮助学生成长。同时，他们还需与教师合作，了解学生的学习情况和思想动态，提供针对性支持和帮助。通过与各方的紧密合作，学生事务办公室人员能够更好地服务学生。无论是突发的安全事件、公共卫生事件，还是学生的紧急情况，学生事务办公室人员都需迅速响应，妥善处理，确保校园的安全和稳定。他们需要具备良好的应急处理能力和冷静的判断力，保障学生的安全和权益。

三、技术支持人员

（一）信息技术人员

信息技术人员在学校的教学和管理中起着至关重要的作用，他们负责教学设备、网络系统、教学管理软件的维护与管理。他们的工作之一是维护和管理教学设备，包括计算机、投影仪、智能黑板、实验室设备等。信息技术人员需要定期检查和维护这些设备，确保其正常运行，及时解决设备故障，为教师和学生提供稳定可靠的教学支持。在网络系统的维护方面，信息技术人员负有重要责任。他们需要确保校园网络的稳定运行，包括有线网络和无线网络的覆盖与维护。他们还需配置和管理网络设备，监控网络流量，防止网络故障和安全问题的发生。通过高效的网络管理，信息技术人员为学校的各项教学和管理活动提供了坚实的技术保障。

教学管理软件的开发和维护也是信息技术人员的重要职责。他们需要负责学校的教务管理系统、学籍管理系统、在线学习平台等软件的安装、配置和日常维护。信息技术人员还需不断优化和更新这些系统，以满足学校不断变化的教学和管理需求。他们通过开发和维护高效的管理软件，提升了学校的管理效率和教学质量。此外，信息技术人员还需提供技术支持和培训，帮助教师和学生熟练使用各类教学设备和软件。他们需要定期组织培训活动，向教师和学生讲解设备和软件的使用方法，并解答他们在使用过程中遇到的问题。通过提供专业的技术支持和培训，信息技术人员提升了全校师生的信息化水平，促进了教学质量的提高。

信息安全是信息技术人员工作的重中之重。他们需要制定并实施信息安全策略，保护学校的数据信息和网络安全。信息技术人员需定期进行安全检查，防范病毒攻击、数据泄露等安全风险。通过严格的信息安全管理，他们为学校的教学和管理活动提供了安全可靠的环境。在现代教育中，信息技术的发展和应用日新月异，信息技术人员需要不断学习和掌握最新的技术和工具。他们需紧跟信息技术发展的前沿，掌握大数据、云计算、人工智能等新技术，并将其应用于学校的教学和管理中。通过不断学习和创新，信息技术人员推动了学校的信息化建设和发展。

信息技术人员还需参与学校的信息化建设规划和实施。他们需要根据学校的发展目标和需求，制定信息化建设方案，并负责具体实施。通过科学的信息化规划和高效实施，信息技术人员为学校的长远发展奠定了坚实基础。在应对突发事件方面，信息技术人员也起着关键作用。无论是网络故障、设备故障，还是信息安全事件，信息技术人员都需迅速响应，及时处理，确保学校的教学和管理活动不受影响。他们需具备较强的应急处理能力和问题解决能力，保障信息系统的稳定运行。信息技术人员还需建立并完善技术支持和服务体系。他们需要建立技术支持热线、在线服务平台等，方便师生随时获得技术支持和帮助。通过完善的服务体系，信息技术人员提升了技术支持的效率和效果，为师生提供了优质的服务。

（二）实验室管理人员

实验室管理人员在学校的实验教学中承担着重要职责，他们负责实验室设备的管理与维护，保障实验教学的顺利进行。他们的工作包括对各种实验设备和仪器进行日常维护和定期保养。这些设备的正常运转是实验教学顺利进行的前提，实验室管理人员需具备专业的技术知识，能够及时发现并解决设备故障，确保设备的可靠性和稳定性。在实验室的日常管理中，实验室管理人员需要制定并执行严格的管理规章制度。这些制度包括实验室的安全管理、设备使用规范、实验操作流程等。通过严格的制度管理，实验室管理人员确保了实验室的安全和有序运转，预防了各类安全事故的发生。他们需具备较强的管理能力和责任心，能够严格执行各项规章制度。

实验室管理人员还需负责实验材料和试剂的采购与管理。他们需要根据实验教学的需求，及时采购所需的实验材料和试剂，并做好库存管理，确保实验材料和试剂的充足供应。通过科学的采购与管理，实验室管理人员保证了实验教学的顺利进行，避免了实验材料和试剂短缺的情况发生。此外，实验室管理人员还需负责实验室的环境管理。他们需要保持实验室的清洁和整齐，确保实验室的环境符合实验教学的要求。通过良好的环境管理，实验室管理人员为学生和教师提供了一个安全、舒适的实验环境，提升了实验教学的质量和效果。

在实验教学过程中，实验室管理人员需为教师和学生提供技术支持和帮助。他们需要指导学生正确使用实验设备和仪器，帮助学生解决在实验过程中遇到的各种技术问题。实验室管理人员还需与教师密切合作，了解实验教学的需求，提供相应的技术支持和服务。通过专业的技术支持，实验室管理人员保障了实验教学的顺利进行，提升了学生的实验技能和操作能力。实验室管理人员还需定期对实验设备进行校准和检修，确保设备的精确性和可靠性。他们需要掌握设备的工作原理和操作规程，能够对设备进行专业的检修和维护。通过定期的校准和检修，实验室管理人员确保了实验数据的准确性和可靠性，为实验教学提供了有力支持。

实验室管理人员还需关注实验室的安全教育和培训。他们需要定期组织安全培训，向学生和教师讲解实验室的安全操作规范和注意事项，提升他们的安全意识和自我保护能力。通过系统的安全教育和培训，实验室管理人员有效预防了各类实验安全事故的发生，保障了实验教学的安全和顺利进行。在现代化实验室的管理中，实验室管理人员还需熟练掌握各类实验室管理软件和信息化工具。通过信息化管理，他们能够更加高效地进行设备管理、材料管理和实验安排，提高实验室管理的效率和效果。同时，实验室管理人员还需不断学习和掌握最新的实验技术和管理方法，适应不断变化的实验教学需求。实验室管理人员的工作还涉及与其他职能部门的沟通与协调。他们需要与教务处、后勤保障部门、财务部门等保持密切联系，协调实验设备的采购、维护和经费管理等工作。通过良好的沟通与协调，实验室管理人员确保了实验教学各项工作的顺利开展。

四、后勤保障人员

（一）后勤管理人员

后勤管理人员在学校的运行和管理中发挥着关键作用，他们负责教学环境的维护、教学物资的供应与管理，确保教学设施的正常运转。后勤管理人员的职责之一是确保教学环境的整洁和安全。他们负责校园的日常清洁工作，包括教室、实验室、办公室以及公共区域的清扫与消毒。通过细致的清洁和维护工作，后勤管理人员为师生提供了一个整洁卫生的学习和工作环境，提升了校园的整体氛围。在教学物资的供应与管理方面，后勤管理人员需要根据各部门的需求，及时采购和分发教学所需的物资和设备。他们需制定详细的采购计划,确保物资的质量和供应的及时性。同时,他们还需对库存进行科学管理,避免物资的浪费和短缺。通过有效的物资管理,后勤管理人员为教学活动的顺利进行提供了坚实的保障。

后勤管理人员还需负责校园基础设施的维护和修缮工作。他们需要定期检查学校的各类设施,如电力系统、水管管道、空调设备等,确保这些设施的正常运转。在发现问题时,后勤管理人员需迅速组织维修,避免对教学活动造成影响。他们需具备较强的技术能力和应急处理能力,能够及时应对各种突发状况,保障校园的安全和正常运行。此外,后勤管理人员还需管理校园的绿化和美化工作。通过种植和维护花草树木,他们为校园增添了绿意和生机,提升了校园的美观度和宜居性。良好的校园环境不仅有助于提升师生的幸福感,还为他们提供了一个舒适的学习和工作场所。后勤管理人员在这一过程中需具备园艺知识和管理技能,能够科学规划和维护校园的绿化景观。

后勤管理人员还需负责各类教学活动和大型活动的后勤保障工作。他们需提前准备活动所需的场地、设备和物资,并在活动过程中提供必要的后勤支持,确保活动的顺利进行。无论是日常教学还是特殊活动,后勤管理人员的细致工作都是活动顺利开展的有力保障。后勤管理人员还需与学校的其他部门保持紧密的沟通与合作。无论是教务处、学生事务办公室,还是财务部门,后勤管理人员都需协同工作,确保各项工作有序开展。他们需具备良好的沟通能力和协调能力,能够在各部门之间架起沟通的桥梁,共同推动学校的管理和发展。

(二) 保卫人员

保卫人员在学校的管理和运行中扮演着至关重要的角色,他们负责校园安全,保障师生的人身财产安全,创造良好的教学环境。首先,保卫人员的职责之一是维护校园的日常秩序。他们需要在校园内进行巡逻,防范各种安全隐患,确保校园的安全稳定。通过定期和不定期巡查,保卫人员能够及时发现并处理潜在的安全问题,预防校园内的犯罪行为,保障师生的安全。在紧急事件处理中,保卫人员的反应能力和处理效率至关重要。他们需要制定并实施校园应急预案,组织应急演练,提高师生的应急反应能力。在突发事件发生时,保卫人员需迅速响应,采取有效措施进行处理，确保事件得到及时控制和解决。他们需要具备较强的应急处理能力和冷静的判断力，能够在关键时刻迅速采取行动，保障校园的安全和秩序。

保卫人员还需负责校园的出入管理工作。他们在校园的各个出入口设置值班岗，严格检查进出人员和车辆，防止外来人员和不明车辆随意进入校园。通过严格的出入管理，保卫人员有效防范了外部安全隐患，保障了校园的安全环境。同时，他们还需处理来访人员的登记和接待工作，确保校园的出入管理有序进行。他们需要定期开展安全教育活动，向师生传授安全知识和技能，提高师生的安全意识和自我保护能力。通过安全讲座、应急演练和安全宣传，保卫人员帮助师生掌握应对各种安全问题的方法和技巧，增强了他们的安全防范能力。

保卫人员还需与当地公安机关和其他安全部门保持密切联系，建立良好的合作关系。他们需要及时向公安机关报告校园内发生的重大安全事件，共同开展安全检查和防范工作。通过与外部安全部门的合作，保卫人员能够更好地保障校园的安全，预防和打击各种违法犯罪行为。保卫人员还需处理各种师生的求助和报警。他们需要及时响应师生的求助请求，提供必要的帮助和支持。无论是遗失财物、纠纷调解，还是突发疾病，保卫人员都需迅速到场，妥善处理。他们以高度的责任感和服务精神，保障了师生的日常生活和工作安全。

为了提升工作效率和管理水平，保卫人员还需不断学习和掌握现代化的安全管理工具和技术。通过引入视频监控系统、门禁系统等先进技术，他们能够更加高效地进行安全管理和监控。同时，保卫人员还需参加各类培训和学习活动，适应不断变化的安全管理需求。在校园的重大活动中，保卫人员也起着关键的安全保障作用。无论是学校的开学典礼、毕业典礼，还是各类大型文体活动，保卫人员都需制定详细的安全保障方案，部署足够的安全力量。他们需要具备较强的组织协调能力和应急处理能力，能够在大型活动中有效维护秩序。

第二节 高等学校教学管理队伍的建设

一、组织架构优化

（一）明确职责分工

明确职责分工是高等学校教学管理队伍建设的重要环节，根据学校的规模和实际需求，合理设置教务处、教学质量监控中心、教师发展中心等部门。教务处负责制定和实施教学计划，协调各院系的教学工作，管理课程安排和考试组织，确保教学活动的顺利进行。通过详细的课程设置和教学计划，教务处为学校的教学质量提供了保障。教学质量监控中心负责制定教学质量标准，组织教学评估和教学检查，收集和分析教学反馈信息，确保教学质量的持续提升。他们通过定期的教学评估和反馈，及时发现教学中的问题，并提出改进措施，为教学改革提供数据支持和决策依据。教师发展中心负责制定教师培训计划，组织各类培训和进修活动，提升教师的教学能力和科研水平。通过提供丰富的培训资源和发展机会，教师发展中心帮助教师不断更新知识结构，提升教学水平，从而促进学校整体教学质量的提高。学籍管理部门负责学生的入学注册、学籍变更、成绩管理和毕业审核，确保学生信息的准确性和完整性。他们需要与教务处紧密合作，确保学生的学习过程顺利进行，为学生的学业提供有力支持。

实验室管理部门负责实验室的设备管理和维护。他们需定期检查实验设备，并为教师和学生提供必要的技术支持，提升实验教学的质量和效果。后勤保障部门需确保教学设施的正常运转，包括教室的维护、教学设备的维修和物资的供应。他们通过高效管理和服务，为教学活动提供了坚实的后勤保障。信息技术部门负责校园网络和信息系统的维护，提供技术支持和服务。通过引进先进的教学管理软件和信息技术，信息技术部门提升了学校的管理效率和教学效果，推动了教学管理的数字化和智能化。

保卫部门需制定并实施校园安全管理制度，组织安全教育和演练。他们通过严密的安全措施和应急预案，为校园的安全稳定提供了保障。国际交流与合作办公室负责学校的国际交流与合作项目，促进与国外高校的学术交流和合作。他们通过引进国际先进的教育理念和资源，提升学校的国际化水平，推动学校的教育改革和发展。财务管理部门负责学校的财务预算和资金管理，确保各项经费的合理使用和分配。他们通过科学的财务管理，为学校的各项教学和科研活动提供了有力的资金保障。

为确保各项工作的有序开展，各部门需明确职责和权限，建立健全的工作机制和流程。各部门之间需密切合作，形成有效的沟通和协调机制，共同推动学校的教学管理工作。通过合理的职责分工和高效的管理机制，学校能够提升管理水平和教学质量，实现教育事业的可持续发展。

（二）协调与沟通机制

建立各部门之间的协调与沟通机制是高等学校教学管理队伍建设的重要环节，确保信息的及时传递和工作协同。各部门需要明确沟通渠道和联络人，确保信息传递的高效性和准确性。通过指定联络人，减少信息传递中的中间环节，提高沟通效率，并避免信息遗漏和误传的情况发生。此外，信息技术在现代教学管理中的应用越来越广泛，学校可以利用信息化手段来促进部门间的沟通与协作。通过搭建内部沟通平台，如电子邮件系统、即时通信工具、共享文档系统等，各部门可以实现信息的实时共享和交流。这些工具不仅能够提高信息传递的速度，还能够记录和存档沟通内容，方便后续查询和跟进。

为了确保各项工作的协调推进，定期召开教学管理工作会议是必不可少的。教学管理工作会议不仅是各部门汇报工作进展的场合，也是讨论和解决教学管理中遇到的问题的平台。通过定期会议，各部门能够及时了解学校的整体工作计划和重点任务，调整自己的工作策略和安排，确保与学校整体目标的契合。在会议上，各部门应积极发言，提出工作中的困难和建议。校领导在会议中起到重要的统筹和协调作用，他们需要充分听取各部门的意见和建议，综合考虑后作出决策。通过这种民主化的决策过程，不仅能够提升决策的科学性和可行性，还能够增强各部门的参与感和责任感。

跨部门项目和任务的顺利推进离不开有效的协调机制。例如，在大型教学活动或教育改革项目中，教务处、教学质量监控中心、教师发展中心等部门需要密切合作，各司其职。此时，建立一个项目协调小组是非常有必要的。项目协调小组由各相关部门的代表组成，负责具体项目的协调和推进，定期召开项目会议，及时解决项目实施过程中遇到的问题。各部门在执行工作任务时，应定期向上级汇报进展情况，及时反映工作中的问题和困难。同时，上级部门应对各部门的工作进行监督和指导。通过双向的反馈机制，确保信息流通的畅通和问题解决及时。

定期组织跨部门的培训和团队建设活动，能够增进各部门之间的了解和信任，提升团队的凝聚力和协作能力。例如，通过工作坊、研讨会等形式，探讨教学管理中的热点问题和解决方案，促进经验分享和知识交流。学校应建立统一的信息发布平台，将各类政策文件、工作安排、通知公告等信息及时发布，确保各部门能够第一时间获取相关信息。同时，信息发布应做到全面、准确，避免因信息不对称导致的工作误差和协调困难。当出现突发事件或紧急情况时，各部门能够快速反应、协调配合，是学校整体应急能力的重要体现。学校应制定详细的应急预案，定期组织应急演练，提高各部门的应急处理能力和协同作战能力。

二、专业素质提升

（一）岗前培训

为新入职的教学管理人员提供系统的岗前培训是高等学校教学管理队伍建设的重要环节。岗前培训的目的是帮助新员工迅速适应工作环境，熟悉学校的教学管理制度和工作流程，确保他们能够尽快胜任工作岗位并发挥作用。岗前培训应涵盖教学管理理论的系统学习。这部分培训内容包括教育学、管理学的基本理论和方法，特别是与高等教育相关的教学管理理论。通过深入学习这些理论，新入职的教学管理人员可以掌握教育管理的基本原理和方法，为实际工作提供理论支撑。此外，还需要介绍国内外先进的教学管理理念和实践，帮助他们开阔视野，了解教学管理的最新发展趋势。

在信息化时代，教学管理离不开现代化的管理工具。岗前培训应包括信息化管理工具的使用培训。这部分培训内容涵盖教务管理系统、学籍管理系统、在线学习平台等常用的管理软件。通过实际操作演练，帮助新员工熟练掌握这些工具的使用。例如，如何利用教务管理系统进行课程安排、考试管理和成绩录入；如何使用学籍管理系统进行学生信息的维护和查询；如何通过在线学习平台管理和监控学生的在线学习情况等。沟通协调技巧是教学管理工作中不可或缺的能力，岗前培训应对此进行重点培训。这部分培训内容包括有效沟通的基本原则、沟通的技巧与方法、冲突管理与解决等。通过案例分析和角色扮演，新员工可以学习如何与教师、学生、家长及其他部门进行有效沟通，如何处理工作中的矛盾和冲突。良好的沟通协调能力不仅可以提升工作效率，还能增强团队合作和部门之间的协作。

通过模拟实际工作场景，让新员工参与到具体的教学管理工作中，进行实战演练。这可以包括课程安排的模拟操作、考试管理的具体步骤、学籍信息的维护等。新员工可以加深对工作流程的理解，掌握工作中的细节和注意事项，提高实战能力。岗前培训还应包括学校的文化和价值观教育。了解学校的办学理念、教育方针、管理制度等，有助于新员工更好地融入学校环境，认同学校的文化和价值观。这部分培训可以通过讲座、视频、案例分析等多种形式进行，使新员工全面了解学校的文化和管理模式。此外，岗前培训应注重职业道德和工作规范的教育。教学管理人员作为学校管理的重要组成部分，其职业道德和工作态度直接影响学校的管理效果和教育质量。因此，岗前培训应加强职业道德教育，强调工作责任心、服务意识和职业操守，帮助新员工树立正确的职业观和工作态度。

为了确保岗前培训的效果，学校应制定详细的培训计划和培训大纲，明确培训的目标、内容和考核标准。培训结束后，应进行考核和评估，检验新员工的培训效果。根据考核结果，及时调整和完善培训内容，确保培训的实效性。在培训过程中，学校可以邀请有经验的教学管理人员和专家担任培训讲师，通过他们的经验分享和专业指导，提升培训质量。同时，可以组织新员工进行分组讨论和经验交流，促进他们之间的互动和学习，共同提高。岗前培训不仅是新员工熟悉工作环境和掌握工作技能的过程，也是他们融入学校团队、增强归属感的重要途径。通过系统的岗前培训，新员工可以迅速适应新岗位，为学校的教学管理工作注入新的活力。

（二）在职培训

在职培训不仅能帮助管理人员更新知识和技能，还能提高他们对新政策和新技术的理解与应用，确保教学管理工作始终与时俱进。首先，教学评估方法的培训是其中的重要内容。教学评估是提高教学质量的关键环节，通过系统的培训，管理人员可以掌握科学的评估方法和技术，了解如何制定评估指标、收集和分析评估数据、撰写评估报告等。管理人员可以全面了解教学情况，发现问题并提出改进建议，从而不断提升教学质量。课程设计是教学管理的重要组成部分，合理的课程设计能够有效提高学生的学习效果。通过培训，管理人员可以学习如何进行课程需求分析、确定课程目标、设计课程内容和教学活动，以及如何评估和改进课程。掌握这些技能有助于他们在工作中更好地支持教师进行课程设计，确保课程内容的科学性和系统性。

教育政策的变化直接影响到教学管理工作的各个方面。通过在职培训，管理人员可以及时了解最新的教育政策和法规，掌握政策的具体内容和实施要求。这不仅能帮助他们在日常工作中更好地执行政策，还能提高他们在政策解读和宣传中的专业性，确保政策的有效落实。此外，教学管理人员还需要掌握现代教育技术和信息化管理工具的使用。随着教育信息化的发展，信息技术在教学管理中的应用越来越广泛。在职培训应包括对各类教育技术和管理软件的培训，如在线教学平台、学籍管理系统、教学资源库等。通过培训，管理人员可以熟练使用这些工具，推动学校的信息化建设。

在职培训还应关注教学管理人员的沟通与协调能力。教学管理工作涉及多个部门和人员的协作，良好的沟通与协调能力是确保工作顺利进行的重要保障。培训可以包括有效沟通的技巧、团队合作的方法、冲突管理与解决等内容，通过案例分析和角色扮演等方式，提高管理人员的沟通协调能力，增强团队合作精神。在职培训不仅是提升教学管理人员专业素质和业务能力的途径，也是激发他们工作积极性和创新能力的重要手段。通过培训，管理人员可以了解最新的教学管理理论和实践，开阔视野，增强创新意识和能力。学校还可以通过培训平台促进不同部门和人员之间的交流与合作，分享经验和资源，共同提高教学管理水平。通过不断完善在职培训的内容和形式，学校可以建立一支高素质、高效率、具有创新能力的教学管理队伍。通过系统的在职培训，教学管理人员不仅能够不断提升自身的专业素质和业务能力，还能够更好地适应教育发展的新形势和新要求。

（三）继续教育

鼓励教学管理人员参加继续教育，获取更高的学位和专业资格，是提升学校整体教学管理水平的重要措施。继续教育为教学管理人员提供了专业知识的更新和技能提升的机会。随着教育环境和技术的不断发展，教学管理人员需要不断学习新知识，掌握新技能，以应对日益复杂的管理任务和挑战。他们可以学习最新的教育理论、管理方法和技术手段，提高自己的专业素养和管理能力。继续教育还可以帮助教学管理人员获取更高的学位和专业资格，增强他们的职业竞争力和发展潜力。在职场中，具备高学历和专业资格的人员往往能够获得更多的发展机会和职业晋升。通过参加继续教育，教学管理人员可以提升自己的学历层次，获取专业认证，增强在职业市场中的竞争优势。这不仅有利于个人职业发展，也有助于提升学校的整体管理水平和教育质量。

继续教育为教学管理人员提供了与同行交流和学习的机会。通过参加继续教育课程和培训，他们可以结识来自不同学校和教育机构的同行，分享经验和心得，交流管理理念和实践方法。这种跨校际的交流和合作，不仅可以开阔视野，拓宽思路，还可以促进教学管理人员之间的相互学习和共同进步。为了支持教学管理人员参加继续教育，学校应提供必要的政策和资源保障。首先，学校可以制定相关的继续教育政策，明确继续教育的目标、内容和要求，鼓励教学管理人员积极参加继续教育。学校应提供资金支持，资助教学管理人员参加继续教育课程和培训，减轻他们的经济负担。学校还可以为教学管理人员提供时间上的便利，安排合理的工作计划，确保他们有足够的时间参加继续教育。

学校还应建立完善的继续教育体系，为教学管理人员提供多样化的进修和深造机会。这包括校内培训、校外进修、国内外研修等多种形式。通过丰富的继续教育形式，满足不同教学管理人员的学习需求，提升他们的专业素养和管理能力。校内培训可以利用学校自身的资源，邀请校内外专家进行专题讲座和培训；校外进修可以选择与学校合作的高等院校和教育机构，安排教学管理人员进行短期或长期的进修和研修；国内外研修则可以通过合作项目和交流计划，安排教学管理人员赴国内外知名高校和教育机构进行学习和交流，借鉴先进的管理经验和方法。继续教育不仅有助于提升教学管理人员的专业素质和业务能力，还有助于增强他们的工作积极性和归属感。教学管理人员可以不断提升自己的职业素养和管理能力，获得更多的发展机会和职业成就感。

通过定期评估和反馈，了解教学管理人员在继续教育中的学习效果和收获，不断改进和完善继续教育的内容和形式，提高继续教育的质量和效果。同时，学校还应鼓励教学管理人员将继续教育中的学习成果应用到实际工作中，促进教育管理实践的改进和创新。通过系统的继续教育，教学管理人员可以不断更新知识，提升技能，增强职业竞争力和发展潜力。学校应通过完善的政策和资源保障，提供丰富的进修和深造机会，支持教学管理人员不断学习和发展。同时，通过有效评估和反馈机制，确保继续教育的质量和效果，促进教学管理水平的不断提升。

三、团队建设

（一）团队协作

推动团队协作精神，增强教学管理人员的团队意识，是提升教学管理效率和质量的重要途径。团队协作精神的培养需要从思想上引导教学管理人员认识到团队协作的重要性。通过定期的团队建设培训和研讨会，学校可以向管理人员传达团队协作的理念和方法，帮助他们理解团队协作在解决复杂问题、提升工作效率、创新工作方法等方面的积极作用。通过理论学习和案例分析，管理人员可以认识到，只有在一个协作良好的团队中，才能充分发挥个人的才能和优势，实现工作目标。在实际工作中，学校应创造更多的团队协作机会。可以通过设立跨部门项目、组织专题小组等方式，鼓励教学管理人员共同参与、共同解决问题。例如，在课程改革项目中，可以组建由教务处、教师发展中心、教学质量监控中心等部门成员组成的项目团队，共同研讨课程设置、教学方法改进等问题。通过具体项目的协作，管理人员可以增强团队意识，提高协作能力。

学校可以定期组织丰富多彩的团队建设活动，如拓展训练、团队竞赛、集体旅游等。这些活动不仅能够放松心情、增强体质，更重要的是，通过团队游戏和竞赛，增强团队成员之间的信任和默契，提高团队的凝聚力和协作能力。在这些活动中，教学管理人员可以在轻松愉快的氛围中增进了解，培养团队精神。此外，建立良好的沟通机制是促进团队协作的关键。学校应鼓励教学管理人员之间的交流与沟通，通过定期的工作例会、专题讨论会、部门联席会等形式，提供沟通平台，确保信息的畅通和共享。良好的沟通不仅可以减少误解和矛盾，还可以促进思想的碰撞和灵感的激发，推动工作创新和进步。

学校领导应以身作则，积极参与团队协作，营造平等、尊重的工作氛围。领导应善于倾听团队成员的意见和建议，充分调动他们的积极性和创造力。通过领导的示范作用，团队成员可以更加自觉地参与到团队协作中，共同为学校的发展和进步努力。为了进一步推动团队协作精神，学校还可以设立团队协作奖项，对在团队协作中表现突出的个人和团队进行表彰和奖励。通过奖励机制，激励教学管理人员积极参与团队协作，树立优秀团队和个人的榜样，形成良好的团队协作氛围。

学校还应关注团队成员的职业发展和心理健康。在团队协作过程中，关心和支持每个成员的职业发展，提供培训和晋升机会，增强他们的归属感和责任感。同时，关注团队成员的心理健康，通过心理辅导、压力管理等方式，帮助他们解决工作中的困扰和压力，营造积极向上的团队氛围。通过不断完善团队协作的机制和措施，学校可以打造一支具有高度凝聚力和协作能力的教学管理队伍。这支队伍不仅能够高效地完成各项教学管理任务，还能在工作中不断创新和突破，为学校的长远发展提供强有力的支持。团队协作精神的培养不仅仅是为了完成工作任务，更是为了提升团队的整体素质和战斗力，实现个人与团队的共同成长和进步。

（二）沟通与交流

建立有效的沟通渠道，促进教学管理人员之间的信息交流，是提升学校管理水平和教学质量的关键措施。学校应创建多样化的沟通平台，确保信息的快速传递和共享。例如，利用学校内部的电子邮件系统、即时通信工具和在线协作平台，教学管理人员可以随时随地进行信息交流和协作。通过这些平台，管理人员可以方便地分享工作进展、提出问题、寻求帮助，确保信息的及时传递和问题的快速解决。学校可以定期安排工作例会、部门联席会、专题讨论会等，提供面对面交流的机会。在这些会议上，管理人员可以汇报工作情况，讨论工作中的困难和挑战，集思广益，寻找解决方案。通过这种直接的交流方式，不仅可以增强团队的凝聚力，还可以提升管理效率和工作质量。

工作坊和培训是另一个有效的沟通交流方式。管理人员可以通过互动讨论、案例分析和实战演练，深入交流工作经验和管理方法，提升自身的专业素养和管理能力。学校应鼓励管理人员对工作中的问题和建议进行反馈，通过设立意见箱、在线反馈系统等渠道，收集他们的意见和建议。对于收集到的反馈信息，学校应及时进行分析和处理，给予合理的回复和改进措施。这不仅可以增强管理人员的参与感和责任感，还可以促进工作流程和管理制度的不断优化。

学校应鼓励不同部门之间的交流与合作，通过联合项目、专题小组等形式，推动跨部门的协作和沟通。例如，在大型教学改革项目中，可以组建由教务处、教师发展中心、教学质量监控中心等多个部门成员组成的工作小组，共同研究和解决项目中的问题。通过这种跨部门的协作，不仅可以提高工作效率，还可以促进信息共享和资源整合。此外，学校领导应发挥表率作用，积极参与沟通交流活动。领导应定期与管理人员进行交流，了解他们的工作情况和需求，倾听他们的意见和建议。

为了增强沟通交流的效果，学校还应注重沟通技巧和方法的培训。通过培训，帮助管理人员掌握有效沟通的技巧和方法，提升他们的沟通能力。例如，如何进行有效倾听、如何表达自己的意见、如何进行建设性反馈等。通过这种沟通技巧的培训，可以提高沟通的质量和效果，减少误解和冲突。学校还可以组织各类团队建设活动，增强管理人员之间的了解和信任。例如，通过团队拓展训练、集体旅游、文体活动等方式，促进管理人员在轻松愉快的氛围中进行交流和互动，增强团队的凝聚力和协作精神。通过建立健全的沟通机制和多样化的交流活动，学校可以有效促进教学管理人员之间的信息交流和协作。这不仅可以提升管理效率和工作质量，还可以增强团队的凝聚力和向心力，推动学校的整体发展和进步。有效沟通交流是教学管理工作的重要保障，是实现教育管理目标的重要手段。

四、质量保障体系

（一）内部监督

建立内部监督机制，对教学管理工作的各个环节进行监督和评估，是提升教学质量和管理水平的重要手段。内部监督机制需要从制度层面进行设计和实施。学校应制定详细的监督制度，明确监督的范围、内容、方法和程序。通过建立规范的监督制度，确保监督工作的有序进行和监督结果的公正性和科学性。在内部监督机制中，内部审计和评估是两个核心环节。内部审计主要针对教学管理工作的规范性和合规性进行检查。审计人员需具备专业的审计知识和技能，能够发现教学管理工作中的违规行为和不规范操作。通过定期和不定期的审计，学校可以及时发现潜在问题，防范风险，确保教学管理工作的合法合规。

评估人员需要收集和分析大量的数据和信息，全面了解教学管理工作的实际效果。评估的内容包括教学计划的执行情况、教学资源的利用情况、教师的教学质量、学生的学习效果等。通过科学的评估方法，学校可以全面掌握教学管理工作的现状和存在的问题，为改进和提升教学管理提供依据。监督和评估的结果需要及时反馈给相关部门和人员，提出改进建议和措施。学校应设立专门的反馈渠道，确保监督结果的透明和公开。通过反馈机制，相关部门和人员可以及时了解自身工作中的不足，采取有效措施进行改进，不断提升工作质量。

学校领导应高度重视内部监督工作，给予必要的支持和保障。同时，应设立独立的监督机构，负责监督工作的具体实施，确保监督的独立性和权威性。此外，各部门和教学管理人员也应积极配合监督工作，提供真实、完整的资料和信息，共同推动监督工作的顺利进行。培训和宣传是内部监督机制有效实施的重要保障。学校应定期组织监督相关的培训，提升监督人员的专业素质和工作能力。同时，通过宣传教育，提高全体教学管理人员的监督意识，营造良好的监督氛围。通过培训和宣传，增强监督工作的规范性和实效性。

学校可以利用信息化平台和工具，提升监督工作的效率和质量。例如，通过建立教学管理信息系统，实现数据的自动采集和分析，提高监督工作的科学性和准确性。信息化手段的应用，不仅可以减少人工操作的误差，还可以提高监督工作的透明度和公正性。为了确保内部监督机制的长期有效运行，学校应建立健全的监督考核制度。对监督工作的效果进行定期考核和评估，及时调整和优化监督机制和方法。通过监督考核，确保监督工作始终保持高效和有效，不断推动教学管理工作的改进和提升。内部监督机制的建立和实施，不仅有助于发现和解决教学管理工作中的问题，还可以促进教学管理工作的规范化和科学化。通过监督和评估，学校可以及时掌握教学管理工作的动态，发现潜在的风险和问题，采取有效的措施进行改进和预防，提升教学管理工作的质量和水平。

（二）外部评估

邀请外部专家对学校的教学管理工作进行评估，是提升管理水平和质量的有效途径。外部评估通过引入外部视角和专业知识，为学校提供客观、公正、科学的评估结果和改进建议。外部评估能够弥补内部监督的局限性。内部监督虽然能够发现和解决许多问题，但由于受到主观性和局限性的影响，可能无法全面、客观地评估教学管理工作。而外部专家以其独立性和专业性，能够提供更为客观的评估结果，为学校发现潜在问题和改进空间提供重要依据。外部评估的实施需要科学的评估方法和流程。学校应明确评估的目标和范围，包括教学计划的执行情况、教学质量的提升效果、教学资源的配置与利用、学生的学习效果等。评估过程中，外部专家可以通过实地考察、访谈、问卷调查、数据分析等多种方式，全面了解学校的教学管理工作现状，收集详细的数据和信息。通过科学、系统的评估方法，确保评估结果的可靠性和有效性。

评估结束后，外部专家应形成详细的评估报告，报告应包括评估的过程、发现的问题、改进建议等内容。学校应重视评估报告，认真分析报告中的问题和建议，制定切实可行的改进措施。通过落实外部专家的建议，学校可以不断优化教学管理工作，提高教育质量和管理水平。定期进行教学管理的外部评估，是提升学校管理水平的重要手段。通过定期的外部评估，学校可以持续了解自身的管理现状和改进空间，形成良性循环。每次评估的结果和改进措施，都为下一次评估提供了基础和依据。通过不断评估和改进，学校的管理水平和教育质量将得到持续提升。

　　外部评估还能够促进学校与外部教育机构的交流与合作。通过评估，学校可以了解外部教育机构的先进管理经验和方法，借鉴他们的成功做法，提升自身的管理水平。同时，外部专家在评估过程中也可以为学校提供最新的教育政策、行业动态和发展趋势，帮助学校及时调整和优化管理策略，保持与教育发展的同步。为了确保外部评估的效果，学校应选择权威、专业的评估机构和专家。评估机构和专家应具备丰富的教育管理经验和专业知识，能够客观、公正地进行评估。学校可以通过招标、邀请等方式选择合适的评估机构和专家，确保评估工作的高质量和高水平。

　　在实施外部评估的过程中，学校应积极配合评估工作。学校应与评估机构和专家保持密切沟通，确保评估工作的顺利进行。学校应认真对待评估报告，积极落实改进建议，不断提升教学管理工作。外部评估不仅是对学校管理工作的一次检验，更是提升学校管理水平的重要契机。通过外部评估，学校可以全面了解自身的优势和不足，明确改进方向和目标，制定科学的改进措施，不断提升管理水平和教育质量。同时，外部评估也是提升学校声誉和竞争力的重要手段。学校可以向社会展示其管理水平和教育质量，增强学校的社会认可度和美誉度。

第三章 高等学校教学管理队伍的招聘与选拔

第一节 高等学校教学管理人员的招聘原则

一、公开、公平、公正原则

在现代社会中，招聘过程的公开、公平、公正原则被视为组织与个体间建立信任的重要基石。公开性是确保招聘活动信息对所有潜在申请者开放和透明的基本要求。这不仅包括岗位的公开宣传，还涵盖了招聘标准、流程和选拔依据的公开披露。透明的招聘流程有助于建立申请者对组织公平性的信心，从而增强其参与的积极性和认同感。公平评价标准应当明确且客观，基于申请者的能力、经验和符合岗位要求的程度进行评估。这种评估应当避免任何主观偏见或歧视因素的介入，确保每位申请者在同等的条件下竞争机会。公平性的实现不仅仅是法律义务，更是组织建立良好声誉和吸引优秀人才的关键因素。公正性意味着在整个招聘过程中对待所有申请者一视同仁，不偏不倚地进行评估和选择。公正的招聘实践排除了任何形式的特权或偏袒，保证每位申请者都有公平竞争的机会，无论其背景、性别、种族或其他特征。通过公正对待所有申请者，组织不仅能够确保选拔出最适合岗位的人才，还能树立良好的企业形象和社会声誉。

二、岗位匹配原则

岗位匹配原则在现代人力资源管理中扮演着至关重要的角色，其核心在于确保招聘到的候选人在背景、技能和经验上与岗位要求紧密匹配。岗位匹配原则要求人力资源部门和招聘团队在开始招聘之前充分了解和分析岗位的职责和职位描述。这不仅仅是为了明确岗位的具体要求，还有助于确定候选人所需的关键技能和能力，从而为招聘过程提供明确的指导方向。岗位匹配的过程需要综合考虑候选人的教育背景、工作经历以及专业技能。这意味着招聘团队应当通过面试、测试和评估等方式，全面了解每位候选人的能力和潜力，以确保其在技术能力和文化适应性上与岗位要求匹配。这种匹配不仅仅是简单的技能对接，还包括了对候选人个人特质和职业发展目标的深入了解。此外，岗位匹配原则也要求招聘团队在候选人筛选过程中注重岗位的长期发展需求和战略目标。这意味着不仅要考虑当前岗位的具体技能需求，还需要预测和评估候选人在未来职业生涯中的潜力和发展空间。这种长远的视野有助于组织选择那些不仅能够胜任当前工作任务，还能在未来角色扩展和领导力发展方面做出贡献的候选人。

三、能力导向原则

能力导向原则在人才招聘和选拔中扮演着至关重要的角色，其核心在于重视和评估应聘者的专业能力、管理经验和领导才能。这一原则不仅仅关注候选人的表面技能，更注重其在特定岗位上展现出的能力和潜力。通过面试、测试以及其他评估方法，能力导向原则确保组织招聘到最适合的人才，进而提升团队的整体效能和绩效。能力导向原则强调候选人的专业能力。这包括技术领域的专业知识、工作技能和行业经验。在招聘过程中，人力资源团队通常会通过问答、案例分析或技术测试等方式来评估候选人在相关领域的专业能力。例如，在招聘工程师或科学家时，可能会要求候选人解决特定技术问题或进行现场演示，以展示其在技术应用和问题解决方面的能力。

对于管理职位而言，拥有良好的管理能力和领导经验是不可或缺的。招聘团队可能会通过模拟管理场景、案例分析或行为面试等方式，评估候选人在团队管理、决策制定和问题解决方面的能力。这些评估方法有助于确定候选人是否具备适应高压环境、协调多方利益并推动团队成功的潜力。此外，能力导向原则强调评估候选人的领导才能。领导力不仅仅体现在管理职位上，也包括在团队合作、战略规划和变革管理等方面的能力。在招聘领导者时，招聘团队可能会通过情境面试、360度反馈或领导风格测试等方式，评估候选人在激励团队、制定愿景和执行战略方面的能力。这种评估有助于确保候选人能够在不同情境下展现出领导力，并推动组织实现长期发展目标。

四、契约精神原则

契约精神原则在现代劳动关系中具有重要意义，它强调了遵守劳动法律法规、明确职责、权利和待遇，以及建立诚信、平等、互利的雇佣关系。这一原则不仅关乎组织与员工之间的合法性和公平性，更体现了双方在雇佣过程中应当遵循的基本伦理和道德准则。通过严格遵守契约精神，组织能够建立稳定、和谐的劳动关系，提升员工的工作满意度和组织的整体效能。契约精神原则要求组织遵守劳动法律法规。这包括但不限于劳动合同法、劳动争议调解仲裁法等相关法律法规的规定。在雇佣过程中，组织应当严格依法签订劳动合同，并明确约定员工的职责、权利和义务。例如，合同应当清晰地界定工作内容、工作时间、工资福利待遇等关键信息，确保员工和雇主在法律框架内享有相应的权利和保障。

契约精神原则强调明确职责、权利和待遇。在雇佣关系中，明确的职责和权利分配有助于减少误解和纠纷的发生。组织应当确保每位员工了解自己的工作职责及相关的权利和责任，并且有机会参与到工作职责的明确化和落实过程中。此外，明确的待遇安排也是契约精神的重要体现，包括工资水平、福利保障、加班补偿等，这些应当根据员工的工作表现和法律法规的要求进行公正、合理安排。此外，契约精神原则强调建立诚信、平等、互利的雇佣关系。诚信是雇佣关系中的基本原则，涵盖了员工和雇主在承诺和行为中的诚实和信任。平等则体现在不论员工的背景、性别、种族等特征，都应当平等对待，不存在歧视和不公平待遇。互利则强调雇佣关系应当是双方合作共赢的关系，员工通过提供劳动力和技能为组织创造价值，组织则通过提供工作机会和合理待遇回报员工的劳动成果。

五、持续发展原则

持续发展原则在现代人力资源管理中具有重要意义，它强调了组织鼓励招聘具有学习和成长潜力的候选人，并为他们提供培训和发展机会，促进员工的持续进步和职业发展。这一原则不仅关乎个体员工的成长与进步，更体现了组织对人才发展和未来竞争力的战略投资。通过持续发展原则，组织能够吸引、留住并激励最优秀的人才，从而实现组织和员工的共同成长与成功。持续发展原则强调招聘具有学习和成长潜力的候选人。在人才招聘过程中，组织应当注重候选人的学习态度、适应能力和未来发展潜力。这意味着不仅仅看重候选人当前的技能和经验，更要考虑其在未来工作中学习新知识和适应新环境的能力。例如，招聘面向科技创新领域的员工时，组织可能更倾向于选择具有探索精神和学习动力的候选人，以应对快速变化和不断更新的技术需求。

持续发展原则要求组织为员工提供培训和发展机会。这包括但不限于专业技能培训、领导力发展、跨部门合作等多方面的学习机会。通过定期的培训计划和个性化的职业发展规划，员工可以不断提升自己的技能水平和职业竞争力，从而更好地适应组织的发展需求和个人职业目标。例如，组织可以通过内部培训课程、外部研讨会或在线学习平台，为员工提供丰富多样的学习资源和成长空间。此外，持续发展原则强调促进员工的持续进步和职业发展。这不仅仅是培训的延续，更涵盖了对员工在工作中表现和成就的认可与激励。组织可以通过绩效评估、晋升机制等方式，激励员工不断挑战自我、实现自我突破。同时，通过建立良好的反馈机制和导师制度，员工能够获得及时的指导和支持，帮助他们在职业生涯中不断迈向新的高度。

第二节　高等学校教学管理人员的选拔

一、管理经验

（一）教学管理经验

拥有丰富的教学管理经验不仅能够确保管理人员在处理日常教学事务时得心应手，还能在制定和实施教学计划、协调教学资源等方面展现出色的能力。在日常教学管理中，管理人员需要面对各种复杂的情况，如课程安排、教师调度、学生管理等。具有丰富经验的管理人员往往能够迅速分析问题并找出解决方案，确保教学工作顺利进行。比如，他们能够在新学期开始前，合理安排课程表，确保教师和学生的时间安排不冲突，保证教学任务按计划进行。此外，他们还能及时处理学生的各种问题，如学业困难、行为问题等，通过合理的干预和辅导，帮助学生顺利完成学业。

教学管理经验丰富的人员通常具备系统的教学计划制定能力。他们能够根据学校的教学目标和要求，结合学生的实际情况，制定科学合理的教学计划。这些计划不仅包括课程设置、教学内容安排，还涵盖了教学方法的选择和教学资源的配置。在实施教学计划时，经验丰富的管理人员能够有效监督和评估教学进程，确保教学计划能够顺利执行，达到预期的教学效果。教学资源包括师资力量、教学设施、教材和教学辅助材料等。管理人员需要在有限的资源条件下，最大化地利用这些资源，以满足教学需求。具有丰富经验的管理人员通常能够准确评估资源需求，并通过合理分配和调度，确保教学资源得到充分利用。例如，他们能够根据教师的专长和工作量合理分配教学任务，确保每位教师都能发挥最大的教学效能。同时，他们还能够有效管理和维护教学设施，确保设备的正常运转，为教学提供良好的硬件支持。

突发事件时有发生，如教师临时请假、学生集体投诉等。经验丰富的管理人员通常具备较强的应急处理能力，能够迅速响应并采取有效措施，确保教学秩序不受影响。例如，当教师因突发原因无法上课时，他们能够迅速协调其他教师接替课程，避免教学中断。当学生集体反映某课程存在问题时，他们能够及时组织调查，听取学生意见，迅速调整课程安排。管理人员丰富的教学管理经验不仅仅体现在具体事务的处理上，更重要的是他们能够在实践中总结经验，形成系统的管理方法和策略。这些方法和策略在日常工作中不断应用和完善，逐渐形成了一套科学有效的教学管理体系。例如，他们可能会定期组织教学研讨会，汇集教师的意见和建议。他们还会通过教学评估和反馈机制，不断优化教学管理流程。

丰富的教学管理经验还使管理人员具备较强的创新能力。他们能够在传统教学管理的基础上，结合现代教育理论和技术，不断探索和尝试新的管理模式和方法。例如，他们可能会引入信息化管理工具，提升教学管理的效率和精准度。他们还可能会推动跨学科教学和项目式学习，丰富教学形式。这些创新举措不仅提升了教学管理的水平，也为学校的教学改革和发展注入了新的活力。

（二）行政管理经验

行政管理经验是高等学校教学管理人员选拔的另一重要标准。具备丰富的行政管理经验的人员，能够在复杂的学校管理环境中游刃有余，有效地组织和协调各种管理活动，处理突发事件并解决问题。行政管理经验丰富的人员在组织和协调管理活动方面表现突出。学校是一个复杂的系统，涉及教学、科研、后勤等多个方面的工作。管理人员需要在这些不同的工作之间进行协调，确保各项工作顺利进行。具有行政管理经验的管理人员，能够充分发挥其组织能力，合理分配任务，确保每项工作都有序进行。例如，在大型活动的组织过程中，他们能够详细制定活动方案，明确分工，协调各部门的工作，确保活动顺利进行并取得预期效果。行政管理经验使管理人员在资源配置和使用方面更加高效。学校的资源有限，如何合理配置和使用这些资源，是管理人员面临的重要课题。具有丰富行政管理经验的人员，通常能够准确评估资源需求，根据实际情况进行合理分配，确保资源的最大化利用。他们能够在预算编制、经费使用、设备采购等方面做出科学决策，避免资源浪费。

行政管理经验丰富的人员在处理突发事件时也具有显著优势。管理人员需要迅速反应，采取有效措施，防止事态扩大。具有行政管理经验的人员，通常具备较强的应急处理能力，能够在第一时间组织应急小组，制定应急预案，迅速采取行动，保障师生的安全和学校的正常秩序。例如，在发生安全事故时，他们能够迅速组织救援，疏散师生，协调医疗救助，并及时向上级报告情况，确保问题得到及时处理。学校管理中难免会遇到各种问题，如师生矛盾、教学冲突、资源短缺等。管理人员需要具备较强的问题分析和解决能力，能够通过调查研究，找出问题根源，提出解决方案，并有效实施。

学校管理不仅需要良好的组织和协调，还需要激励团队成员，提升整体工作效能。丰富行政管理经验的人员，通常能够通过设定明确的目标，激发团队成员的工作热情，提升工作积极性和创造力。他们能够通过定期的工作总结和表彰，肯定团队成员的成绩，激励他们不断进步。例如，他们可能会定期组织团队建设活动，增强团队凝聚力，提升团队合作精神，确保团队成员能够紧密合作，共同完成各项工作任务。此外，行政管理经验还使管理人员具备较强的制度建设能力。学校管理需要一套科学合理的管理制度，来规范各项工作，确保管理工作有章可循。例如，他们可能会根据教学和科研的需求，制定详细的教学管理制度、科研管理制度，确保教学和科研工作规范进行。他们还能够根据实际工作中的问题，不断调整和优化管理制度。

二、领导能力

（一）团队领导能力

能够带领团队，激发团队成员的积极性和创造力，促进团队合作，是一个优秀管理者的核心能力。这一能力不仅影响团队的工作氛围，还直接关系到学校的教学质量和管理水平。高等学校教学管理人员必须制定清晰的工作目标，并将这些目标传达给团队成员。明确的目标不仅能够指引团队前进的方向，还能激发团队成员的使命感和责任感。例如，管理人员应明确每个阶段的目标和任务，让团队成员了解他们的工作内容和预期成果。这种明确的目标导向，可以有效地激发团队成员的工作热情，使他们在实现目标的过程中不断努力和进步。

管理人员需要通过各种方式激励团队成员，提升他们的工作积极性和投入度。激励的方式可以多种多样，包括物质激励和精神激励。物质激励如奖金、福利等，可以直接提升团队成员的工作动力；精神激励如表彰、晋升机会等，可以提升团队成员的成就感和归属感。例如，在完成一项重要的教学改革项目后，管理人员可以对表现突出的团队成员进行表彰和奖励，以此激励其他成员努力工作，争取更好的成绩。管理人员应注重团队合作氛围的培养，鼓励团队成员互相支持和帮助，共同完成任务。例如，可以通过组织团队建设活动，提升团队凝聚力。同时，管理人员应善于分配任务，根据每个成员的特长和能力，合理安排工作，确保每个成员都能发挥其最大潜力，从而提高整体工作效率。

管理人员需要鼓励团队成员发挥创造力，提出新颖的想法和解决方案。在教学管理中，创新不仅可以提升教学效果，还可以解决传统教学模式中的问题。例如，管理人员可以组织头脑风暴会议，鼓励团队成员自由表达自己的想法和建议，通过集思广益，找到最佳的解决方案。同时，管理人员应营造一个宽松的创新环境，鼓励团队成员大胆尝试和探索，即使失败也不予责备，从而激发他们的创造力和创新精神。在带领团队的过程中，管理人员还应注重沟通与反馈。有效的沟通是团队合作和高效工作的基础。管理人员应建立畅通的沟通渠道，及时了解团队成员的工作情况和需求，并给予必要的支持和帮助。例如，可以定期召开工作会议，听取团队成员的汇报和意见，及时解决工作中的问题。同时，管理人员应注重反馈机制，对团队成员的工作进行评估和反馈，指出优点和不足，帮助他们不断改进和提升。

不同的领导风格适用于不同的团队和工作环境。管理人员应根据团队的实际情况，选择合适的领导风格。例如，对于一个富有创造力和自主性的团队，可以采用放权式的领导风格，给予团队成员更多的自主权和决策权；对于一个需要严格管理和监督的团队，则可以采用权威式的领导风格，确保各项工作按计划进行。作为团队的领导者，管理人员的素质和能力直接影响团队的表现。管理人员应不断学习和提升自己的管理能力，了解最新的管理理论和方法，并应用到实际工作中。例如，可以通过参加管理培训、阅读管理书籍等方式，不断丰富自己的知识和技能。同时，管理人员应以身作则，树立良好的榜样，以自身的言行激励团队成员，提升团队的整体素质和工作水平。

（二）决策能力

在如今这个信息瞬息万变、竞争日益激烈的时代，决策能力显得尤为重要。首先，快速决策能力可以使人在紧急情况下迅速反应，抓住稍纵即逝的机会。面对不确定性，能够在有限的信息下做出果断决策，不仅需要敏锐的洞察力，还需要一定的胆识和经验积累。快速决策不仅能提高效率，还能为个人或团队赢得宝贵的时间，从而在竞争中占据优势。准确决策意味着能够在复杂的情境中找到最优解，不仅仅依赖直觉和经验，更需要科学的方法和理性的分析。准确的决策可以减少错误，避免资源的浪费和不必要的风险。在这个过程中，数据分析能力、信息整合能力以及逻辑思维能力都是不可或缺的。一个好的决策者不仅要看得准，还要想得深，能够从全局出发，制定出最合适的方案。

在复杂多变的环境中，决策者需要面对各种不确定性和突发状况，这就要求他们具有高度的灵活性和适应能力。环境的变化往往是不可预测的，决策者需要能够迅速调整策略，适应新的形势。具备灵活的思维和适应能力，能够在各种挑战中保持冷静，找到应对之道。在这样的情境中，决策者的心态也非常重要，保持积极乐观的态度，勇于面对挑战，才能在困境中迎难而上，找到解决问题的突破口。除了快速和准确之外，决策者还需要具备良好的沟通能力和团队合作精神。现代社会是一个高度协作的社会，很多决策并不是单打独斗能够完成的。一个优秀的决策者需要能够有效地与团队成员沟通，听取各方面的意见和建议，集思广益。团队合作能够汇聚各方智慧，做出更为全面和科学的决策。决策者还需要具有一定的领导能力，能够有效地组织和协调团队，推动决策的实施。

决策的过程不仅是一个智力的考验，也是一个心理的较量。面对重大决策时，难免会遇到压力和挑战。优秀的决策者需要具备良好的心理素质，能够在压力下保持冷静和理智，不被情绪左右。心理素质的培养需要长期积累和锻炼，通过不断实践和反思，逐步提升自己的心理承受能力和抗压能力。

三、沟通与协调能力

（一）沟通能力

沟通能力强的管理者能够更好地与教师建立信任关系。通过定期的交流和沟通，管理者能够了解教师在教学过程中遇到的困难和挑战，从而提供针对性支持和帮助。此外，管理者还可以通过沟通了解教师的专业发展需求，组织相应的培训和学习活动，帮助教师提升教学水平和专业素养。学生是教育的主体，了解他们的需求和反馈对于提高教育质量至关重要。通过与学生的交流，管理者可以及时发现教育教学中的问题，并采取相应的改进措施。同时，管理者还可以通过沟通了解学生的心理状况和学习压力，提供必要的心理支持和辅导，帮助学生健康成长。有效沟通还可以增强学生对学校的归属感和认同感，促进学生积极参与学校活动和学习。

在与行政人员的沟通中，管理者需要具备协调和统筹能力。行政人员在学校的管理和运行中起着重要作用，通过有效沟通，管理者可以了解行政工作的进展情况和存在的问题，及时进行协调和解决。良好的沟通能够促进各部门之间的协作和配合。此外，管理者还可以通过沟通传达学校的政策和决策，确保行政人员准确理解和执行，提高学校管理的规范性和科学性。为了提高沟通的有效性，管理者需要具备倾听的能力。倾听不仅仅是听取对方的意见和建议，更是理解对方的感受和需求。在沟通中，管理者需要耐心倾听，避免打断对方，给予对方充分表达的机会。通过倾听，管理者可以更全面地了解问题的根源和实质，从而做出更准确的判断和决策。此外，倾听还可以增进信任和理解，促进双方的交流和合作。

管理者在沟通中需要清晰、简明地表达自己的观点和意见，避免模糊和歧义。同时，管理者还需要注重语气和态度，保持尊重和礼貌，避免冲突和误解。通过积极的语言和态度，管理者可以传递正能量，增强沟通的效果。此外，管理者还可以通过书面沟通的方式，如电子邮件、报告等，进一步加强沟通的全面性和系统性。在现代信息技术的发展背景下，管理者还可以利用各种沟通工具和平台，如社交媒体、在线会议等，拓宽沟通的渠道和方式。这不仅可以提高沟通的便捷性和效率，还可以覆盖更多的沟通对象，促进信息的共享和交流。通过多样化的沟通方式，管理者可以更全面地了解各方的需求和反馈，及时回应和解决问题。

（二）协调能力

协调能力在教育管理中扮演着至关重要的角色，能够协调不同部门之间的关系，促进各部门之间的合作。管理者需要明确各部门的职责和任务，制定清晰的工作流程和规则。这有助于避免职责重叠和工作冲突，使各部门在各自的职责范围内高效运作。各部门能够在工作中有条不紊地进行，同时也能为协调工作打下坚实的基础。管理者应定期召开部门联席会议，听取各部门的工作汇报和意见建议，及时解决工作中遇到的问题。通过面对面的沟通交流，可以增强各部门之间的理解和信任，促进信息的互通和资源的共享。此外，管理者还可以利用电子邮件、社交媒体等现代沟通工具，保持与各部门的密切联系，确保信息的快速传递和反馈。

不同部门在工作过程中难免会产生矛盾和冲突，管理者需要及时介入，化解矛盾，解决冲突。通过调解和沟通，找到双方都能接受的解决方案，避免矛盾升级，影响教学工作的顺利进行。管理者还应注重从制度上防范冲突的发生，例如制定合理的奖惩机制和协调机制，确保各部门在公平、公正的环境下开展工作。通过组织团队建设活动，增强各部门之间的凝聚力和合作精神，培养团队成员的集体荣誉感和责任感。管理者还可以通过宣导学校的核心价值观和愿景，建立积极向上的校园文化，增强各部门对学校的认同感和归属感。在这样一个和谐、团结的环境中，各部门能够更加自觉地合作，共同推进教学工作的顺利进行。

在促进各部门合作的过程中，管理者还需要注重资源的合理配置。不同部门在教学工作中需要不同的资源支持，管理者应根据各部门的实际需求，合理分配人力、物力和财力资源，确保各部门都能获得必要的支持和保障。通过科学合理的资源配置，可以最大限度地发挥各部门的潜力和优势，提高整体的工作效率和质量。管理者还需要具备战略眼光和全局观念。在协调各部门关系时，要从全局出发，统筹考虑学校的整体发展和长远利益，避免局限于某个部门的局部利益。通过制定科学的战略规划和工作目标，引导各部门朝着共同的方向努力，形成合力，推动学校的持续发展和进步。

一个优秀的领导者不仅需要具备高超的管理能力，还需要具备良好的人际关系和领导艺术。通过以身作则、言传身教，管理者可以树立榜样，赢得各部门的尊重和信任。领导者的支持和鼓励，可以激发各部门的工作热情和创造力，促进各部门之间的协作和配合。在教育管理实践中，管理者还应注重不断学习和借鉴先进的管理经验和做法。通过参加培训、研讨会等活动，了解最新的教育管理理论和实践，提升自身的管理水平和协调能力。同时，通过与其他学校的交流和合作，借鉴成功的管理经验，优化自身的管理模式和方法。

四、创新能力

（一）教育改革创新

教育改革和创新是现代教育发展的重要推动力，具有教育改革和创新的意识是每个教育工作者都应具备的基本素质。教育改革需要更新教学模式。现代教育强调以学生为中心，倡导启发式、探究式和合作学习等多样化的教学模式。这些新的教学模式不仅能够激发学生的学习兴趣，还能培养学生的自主学习能力和创新精神。在教学模式的改革中，教师应注重课堂互动，引导学生主动思考和探索，促进学生全面发展。传统的课程设计往往过于注重知识的广度，而忽略了深度和实践能力的培养。现代课程设计强调学科的整合和知识的应用，注重学生的综合素质和创新能力的培养。通过跨学科的课程设计，学生可以在不同学科之间建立联系，形成系统的知识结构。此外，课程设计还应注重实践环节，通过实验、项目学习等方式，培养学生的实践能力和解决实际问题的能力。教师在课程设计中应注重学生的个性化需求，提供多样化的学习资源和学习路径，满足不同学生的学习需求。

在线教育、虚拟现实、人工智能等新技术的应用，为教育改革带来了新的契机。通过在线教育平台，学生可以突破时间和空间的限制，随时随地进行学习；虚拟现实技术可以模拟真实的学习场景，增强学习的趣味性和互动性；人工智能技术可以根据学生的学习数据，提供个性化的学习建议和指导，提高学习效率和效果。教师应积极学习和应用现代教育技术，提升教学质量和效果。在推进教育改革和创新的过程中，教师的专业发展和能力提升是关键。教师应不断学习和更新教育理念和教学方法，积极参加各种培训和学习活动，提高自身的专业素质和教育创新能力。学校应为教师提供良好的培训和发展平台，鼓励教师进行教育科研和教学创新，营造良好的教育创新氛围。

政府和教育主管部门应制定科学合理的教育改革政策，提供充足的资金和资源支持，保障教育改革的顺利进行。同时，应建立健全教育评价和激励机制，对在教育改革和创新中做出突出贡献的教师和学校给予奖励和表彰，激发教育工作者的积极性和创造性。此外，家长和社会的参与也是教育改革和创新的重要力量。家长应积极参与学校的教育活动，与教师和学校保持密切联系，共同关注和支持学生的成长和发展。社会各界应关注和支持教育改革，为学校提供多方面的支持和帮助，共同营造良好的教育环境。教育改革和创新是一项长期而艰巨的任务，需要全社会的共同努力。每一个教育工作者都应具有教育改革和创新的意识，积极探索和实践新的教育理念和方法，推动教育事业的发展。通过不断改革和创新，教育才能适应社会发展的需要，培养出更多高素质的人才，为国家和社会的发展做出贡献。

（二）问题解决能力

问题解决能力是教育管理者必备的重要素质，能够识别教学管理中的问题，提出切实可行的解决方案，并付诸实施，直接影响到教育质量的提升和学校的发展。在教学管理过程中，问题往往是多方面的，可能来自教学计划的制定、课程安排、教师的教学方法、学生的学习情况等各个方面。教育管理者需要具备敏锐的观察力和洞察力，能够通过各种渠道，如教学评估、教师反馈、学生意见等，及时发现和识别问题。识别问题的过程需要客观、全面，避免主观偏见和片面之见。识别到问题之后，管理者需要对问题进行深入分析，找出问题的根源。问题的产生往往有其复杂的背景和多方面的原因，管理者需要通过数据分析、调查研究等方法，全面了解问题的背景和现状，找出问题的主要矛盾和次要矛盾，明确问题的症结所在。通过科学分析和诊断，可以为后续的解决方案制定提供准确的依据和方向。

教育管理者在制定解决方案时，需要综合考虑问题的实际情况和学校的具体条件，确保方案的可操作性和可行性。解决方案应具体、明确，具有针对性和实效性，同时还要有一定的前瞻性，能够在解决当前问题的同时，防范类似问题的再次发生。管理者可以借鉴其他学校的成功经验，结合本校实际，创新性地提出解决方案。此外，解决方案的制定还需要广泛征求各方面的意见和建议，特别是教师和学生的意见，以确保方案的全面性和科学性。在实施过程中，管理者需要制定详细的实施计划，明确各项工作的具体步骤和时间节点，确保方案的顺利执行。实施过程中，还需要加强对各项工作的监督和检查，及时发现和解决实施中出现的问题，确保方案的实施效果。管理者还应通过定期总结和反思，不断改进和完善解决方案，提高解决问题的效果和质量。

管理者需要有效地组织和调动各方面的资源和力量，形成解决问题的合力。通过加强与各部门的沟通和协调，确保各项工作的顺利推进。管理者还需要发挥领导力，树立榜样，激发教师和学生的积极性和创造性，共同参与到问题的解决中来。解决问题的过程中，管理者还应注重经验的积累和总结。每一次问题的解决都是一次宝贵的实践经验，管理者应通过总结和反思，不断提升自己的问题解决能力。通过对成功经验的总结，可以为今后的工作提供参考和借鉴；通过对失败教训的反思，可以避免类似问题的再次发生。经验的积累和总结，不仅有助于个人能力的提升，也可以为学校的长远发展提供有力的支持。

第三节　高等学校教学管理人员的招聘与选拔流程

一、需求分析

（一）岗位分析

教学管理岗位在高等学校中起着至关重要的作用，详细分析这一岗位的职责、所需技能和资格条件，对于确保招聘到合适的人才，提高学校的管理水平具有重要意义。教学管理岗位的职责主要包括教学计划的制定和实施。教学管理人员需要根据学校的整体发展规划和教育目标，制定详细的教学计划。此外，他们还需要跟踪和评估教学计划的执行情况，确保教学质量不断提高。教学管理人员负责教师的管理和培训。他们需要制定教师的工作安排，协调各学科之间的教学资源分配，确保教学任务的顺利完成。同时，教学管理人员还要关注教师的专业发展需求，组织各种形式的培训和学习活动。通过有效管理和培训，教学管理人员能够提高教师队伍的整体素质，为学校的发展奠定坚实的基础。

教学管理人员还需要处理学生的学籍管理和学术事务。他们负责学生的入学注册、学籍变动、成绩管理等具体工作，确保学生的各项学术事务有序进行。在处理学生事务时，教学管理人员需要细致耐心，确保各项工作准确无误。同时，他们还需要关注学生的学习和成长，及时发现并解决学生在学习过程中遇到的问题。在教学资源的管理和配置方面，教学管理人员也承担着重要职责。他们需要合理配置教室、实验室、图书馆等教学资源，确保各项教学活动顺利进行。此外，教学管理人员还要负责教学设备和教材的采购和管理，确保教学资源的充足和质量。教学管理人员需要具备较强的组织协调能力，能够统筹安排各项资源，满足教学工作的需求。

教学管理人员需要建立和完善教学质量保障体系，通过定期的教学评估和学生反馈，了解教学效果，发现存在的问题，并及时进行改进。他们还需要组织各种形式的教学研讨和交流活动，促进教师之间的经验分享和合作，提高整体教学水平。

为胜任教学管理岗位，教学管理人员需要具备一系列专业技能。良好的组织协调能力是必不可少的。教学管理工作涉及多个方面和多个部门，管理人员需要能够有效地协调各方面的关系，确保各项工作有序进行。较强的沟通能力也是必要的。教学管理人员需要与教师、学生和学校领导保持密切联系，及时传达信息，解决问题，确保沟通顺畅。

教学管理人员还需要具备较强的分析和解决问题的能力。面对复杂的教学管理事务，他们需要能够迅速发现问题，并提出切实可行的解决方案。数据分析能力也是教学管理人员应具备的重要技能，通过对教学数据的分析，可以为决策提供科学依据，推动教学管理工作的改进和优化。在资格条件方面，教学管理人员通常需要具备相关专业的高等教育背景，一般要求硕士及以上学历。同时，具有一定的教学或教育管理经验是优先考虑的条件。丰富的教学经验和管理经验，可以帮助教学管理人员更好地理解教学工作，制定出符合实际的管理方案。此外，熟悉教育政策法规、具备较强的计算机应用能力和数据处理能力，也是教学管理人员应具备的基本条件。

（二）需求确认

需求确认是高等学校在进行教学管理人员招聘时的关键步骤之一，基于学校的发展规划和实际需要，确定招聘岗位的数量和具体要求，是确保招聘过程科学合理、有效进行的前提。学校的发展规划是确定招聘需求的基本依据。每所学校都有其短期和长期的发展目标，这些目标涉及学科建设、科研发展、学生规模扩展等多方面内容。在制定招聘计划时，学校应充分考虑这些发展目标，明确哪些部门和岗位需要加强人手，以实现既定的发展规划。实际需求包括当前教学管理工作的现状和存在的问题。例如，某些部门可能因为人员不足而影响了工作的正常开展，或者某些新设立的学科和专业需要增配管理人员。此外，随着学生人数的增加和教学规模的扩大，学籍管理、教学资源配置等方面的工作量也会相应增加，这都需要通过招聘新的教学管理人员来解决。

在确定招聘岗位的数量时，学校应进行全面的岗位分析。通过对现有岗位的职责、工作量和人员配置的分析，评估是否需要新增岗位或增加现有岗位的人员数量。对于某些关键岗位，如教务管理、学科建设、科研管理等，学校需要确保有足够的人员力量支持，以保证这些核心工作能够顺利进行。不同岗位对人员的学历、专业背景、工作经验和技能要求可能各不相同。例如，负责教务管理的岗位可能需要应聘者具有教育管理或相关专业的硕士及以上学历，并具备一定的教务工作经验；而负责科研管理的岗位则可能更注重应聘者的科研背景和项目管理能力。此外，学校还需要考虑应聘者的软技能，如沟通能力、组织协调能力和团队合作精神，这些能力对教学管理工作同样至关重要。

根据学校的年度工作计划和各项工作的时间节点，合理安排招聘的时间，以避免与教学和科研工作的高峰期重叠，确保招聘工作能够有序进行。同时，合理的招聘周期也有助于吸引更多优质人才，提高招聘的成功率。此外，需求确认还需要与各相关部门进行充分沟通。教学管理人员的需求往往涉及多个部门，如教务处、科研处、人事处等。通过与这些部门的沟通，了解各部门的实际需求和具体情况，可以确保需求确认的全面性和准确性。各部门提供的反馈和建议，对于确定招聘岗位的数量和具体要求，具有重要的参考价值。

为确保需求确认的科学性，学校可以借助数据分析的方法。通过对往年招聘数据、人员流动情况、岗位绩效等数据的分析，可以发现人员配置中的问题和不足，为需求确认提供量化的依据。数据分析不仅可以提高决策的准确性，还可以为后续的招聘工作提供科学的指导。在需求确认的过程中，学校还应考虑招聘的多样性和包容性。通过制定合理的招聘政策，吸引来自不同背景的优秀人才，丰富学校的文化和专业背景。多样性和包容性不仅有助于提升学校的整体竞争力，还能促进教育创新和教学质量的提升。

二、招聘计划制定

（一）时间安排

制定详细的招聘时间表是确保高等学校教学管理人员招聘工作有序进行的重要步骤。通常，学校会根据年度工作计划和学期安排，选择一个相对空闲的时间段启动招聘工作。这样可以确保招聘工作不会与其他重要工作冲突，能够有足够的时间和精力进行。招聘公告的发布时间需要精心安排。发布公告之前，必须完成岗位需求分析和招聘方案的制定。招聘公告应提前准备好，并在确定的日期通过学校官网、招聘网站、教育类论坛等多个渠道同步发布。通常，招聘公告的发布应至少提前两个月，以便有充足的时间吸引合适的候选人。

简历收集的时间段应明确，通常为公告发布后的一到两个月。这个时间段应足够长，以便潜在应聘者有充裕的时间准备并提交申请材料。简历筛选通常在简历收集结束后立即开始。初步筛选可以在一到两周内完成，主要目的是剔除明显不符合招聘条件的简历。接下来是详细评审阶段，这一阶段需要更长的时间，通常为两到三周，以确保评审的全面性和准确性。初试通常安排在简历筛选结束后的一到两周内。初试的形式可以是笔试、面试或两者结合，具体时间安排应根据岗位的要求和应聘者的数量来确定。每场初试应安排足够的时间，以便考察应聘者的综合素质和能力。初试结果公布后，紧接着进行复试，复试通常安排在初试结束后一到两周内。复试的形式可以多样化，如结构化面试、无领导小组讨论等。复试结束后，应安排一段时间进行综合评估和背景调查，这一阶段通常需要两到三周。

在复试和背景调查完成后，招聘委员会应召开会议，综合评估所有候选人的表现，做出录用决定。这个过程一般需要一到两周的时间。录用决定确定后，应尽快向录用人员发出录用通知。录用通知的发送时间应尽量提前，通常在最终决定后的几天内，以便录用人员有足够的时间安排入职事宜。入职培训的时间安排应在录用通知发出后立即启动，确保新员工能够尽快适应新环境和岗位要求。入职培训的内容包括学校文化、规章制度、岗位职责等，培训时间一般为一到两周。试用期一般为三到六个月，在试用期结束前，应安排试用期考核，考核结果决定新员工的正式录用。考核标准应在试用期开始前明确，考核过程应客观、公正，并及时向新员工反馈考核结果。

（二）预算确定

预算确定是高等学校教学管理人员招聘过程中不可或缺的一环，根据招聘计划，合理确定招聘所需的各项费用，确保有充足的资金支持，是招聘工作顺利进行的前提。发布招聘公告通常需要利用多种渠道，如学校官网、招聘网站、教育类论坛和专业杂志等。不同渠道的费用各不相同，需要提前询价，估算总成本。通常，招聘网站和专业杂志的费用较高，而学校官网的费用相对较低。根据预估的公告发布渠道和次数，制定相应的预算。简历筛选通常涉及人力成本，尤其是在应聘者较多的情况下，需要专门的工作人员进行筛选和评审。此外，如果聘请外部专家参与简历评审，也需支付相应的咨询费。这部分费用应根据预估的简历数量和评审工作量来确定。

初试通常涉及场地租赁、笔试材料印刷、监考人员费用等。如果面试采用在线形式，还需考虑视频会议系统的使用费用。复试阶段的费用则可能包括面试官的劳务费、面试场地布置和设备租赁等。若复试安排在不同城市进行，还需考虑交通和住宿费用。面试的具体形式和规模会直接影响预算，因此需要详细规划和合理预估。对于进入复试阶段的候选人，通常需要进行背景调查，包括学历验证、工作经历核查和个人信用记录查询等。背景调查通常需要委托专业机构进行，这部分费用需提前咨询，并在预算中详细列出。

决定最终录用名单后，录用通知的发送费用也需要考虑。录用通知通常以电子邮件和电话通知为主，但有时也需要寄送纸质通知，这涉及邮寄费用。此外，录用通知的制作和发送也需一定的人力成本。入职培训的费用则涵盖培训材料制作、培训场地租赁、培训讲师劳务费等。入职培训的内容通常包括学校文化介绍、岗位职责说明、规章制度培训等，所需的时间和资源应详细估算，并在预算中明确列出。

试用期考核的费用包括考核材料制作、考核场地安排和考核人员费用等。试用期结束前的考核是决定新员工能否正式录用的关键环节，因此需确保考核工作的顺利进行，合理预估考核相关费用。此外，招聘过程中的其他杂项费用也应纳入预算。例如，招聘宣传活动、应聘者的交通补贴、饮水和餐饮费用等。虽然这些费用在整体预算中占比较小，但也需详细估算，以确保招聘过程中的每一个环节都能得到充分的资金支持。

三、招聘公告发布

（一）渠道选择

渠道选择在高等学校教学管理人员招聘过程中至关重要，选择适当的渠道发布招聘公告可以极大地提升招聘的效果。首先，学校官网是发布招聘公告的基本渠道。通过学校官网发布招聘信息，不仅可以充分利用学校的资源，还能够确保信息的权威性和可靠性。应聘者通常会优先访问学校官网以获取最新的招聘信息，因此这是一个不可或缺的发布平台。知名招聘网站如智联招聘、前程无忧等，拥有大量的用户基础和广泛的影响力，能够覆盖更多的潜在应聘者。通过这些平台发布招聘公告，可以快速传递信息，吸引到来自不同地区和背景的优秀人才。此外，教育类专门招聘网站，如教师招聘网、学术桥等，也具有很高的针对性和专业性，能够吸引更多具有教育管理经验和相关背景的应聘者。

教育类论坛和专业社区也是值得考虑的发布渠道。这些平台聚集了大量的教育工作者和学术人士，通过在这些论坛和社区发布招聘信息，可以更有效地接触到目标人群。例如，中国教育论坛、豆瓣教育小组等，都是教育领域人士频繁交流的地方，在这些平台发布信息，有助于吸引到对教学管理岗位有兴趣的专业人士。随着社交媒体的普及，越来越多的人习惯通过微信、微博、Linked In 等平台获取信息。利用社交媒体的互动性，还可以及时回复应聘者的疑问，增加招聘的透明度和亲和力。

高等学校通常拥有庞大的校友网络，校友们对学校有着较强的认同感和归属感，通过校友会、校友群等途径发布招聘信息，可以吸引到对学校有一定了解且愿意回馈母校的优秀人才。校友推荐不仅可以提高招聘效率，还能够通过熟人推荐降低招聘风险。此外，与教育相关的展会和招聘会也是有效的渠道。许多城市和地区定期举办各种教育展会和招聘会，通过参加活动，可以直接接触到大量的应聘者，进行面对面交流，了解应聘者的具体情况，增强招聘的针对性和实效性。这种现场招聘的形式，不仅可以提高招聘效率，还可以树立学校的品牌形象。

在教育类报刊、杂志上刊登招聘广告，可以覆盖那些习惯通过传统媒体获取信息的应聘者。此外，在地铁、公交车站等公共场所投放广告，也可以增加招聘信息的曝光度，吸引更多的关注和应聘。内部推荐和猎头服务也是重要的补充渠道。内部推荐可以激励现有员工积极参与招聘过程，通过推荐他们认为合适的候选人，不仅可以节省招聘成本，还能提高候选人的匹配度。猎头服务则适用于招聘高层次和紧缺人才，通过专业的猎头公司，可以快速找到符合要求的优秀人才。

（二）内容撰写

明确的岗位职责有助于应聘者了解职位的具体要求和工作内容，从而判断自己是否符合岗位需求。在描述岗位职责时，应详细列出主要任务和责任范围，例如教学计划的制定与实施、教师管理与培训、学生学籍管理、教学资源配置、教学质量监控等。同时，还应强调岗位在学校发展中的重要性和工作环境，以激发应聘者的兴趣和动力。清晰明确的任职要求可以帮助筛选出符合条件的应聘者，提高招聘效率。在撰写任职要求时，应包括学历背景、专业要求、工作经验、技能等方面的内容。例如，可能要求应聘者具有教育管理或相关专业的硕士及以上学历，至少三年的教育管理工作经验，具备优秀的沟通能力、组织协调能力和解决问题的能力。此外，如果岗位需要特定的资格证书或专业技能，也应在公告中详细列明。

应为应聘者提供清晰、简便的申请流程，以确保他们能够顺利提交申请材料。在说明申请方式时，应包括提交材料的具体要求，例如简历、求职信、学历证书、工作证明等，并提供明确的提交方式，如电子邮件、在线申请系统或邮寄地址。同时，应提供详细的联系方式，如招聘负责人的电话、电子邮件地址等，以便应聘者在需要时能够及时联系和咨询。明确的截止日期可以帮助应聘者合理安排时间，确保在规定时间内提交申请材料。在公告中，应明确注明申请截止日期，并强调逾期不候。此外，还可以说明后续的招聘流程和时间安排，如简历筛选、面试时间等，以便应聘者对整个招聘流程有一个清晰了解和预期。

为了增强招聘公告的吸引力，可以在内容撰写中适当加入学校的优势和福利待遇。通过介绍学校的办学历史、教学成果、发展前景等，展示学校的实力和吸引力。对于应聘者可能关心的福利待遇，如薪资水平、职业发展机会、培训计划、住房补贴等，也应在公告中适当提及，以增加职位的吸引力和竞争力。此外，招聘公告的撰写应注意语言的简洁明了和条理清晰。使用简明扼要的语言，避免冗长复杂的表述，使应聘者能够快速、准确地获取信息。在结构上，可以采用条列式或段落式，将岗位职责、任职要求、申请方式、截止日期等内容逐一列出，确保信息的完整性和易读性。同时，招聘公告的格式应规范、整洁，避免排版混乱和信息遗漏。

在撰写过程中，还应注意合法合规性。招聘公告的内容应符合国家和地方的法律法规，避免涉及歧视性条款或不合理要求。特别是在任职要求和福利待遇方面，应公平公正，确保所有应聘者享有平等的机会和待遇。为了确保招聘公告的质量和效果，可以在撰写完成后进行内部审核。招聘负责人员和相关部门应对公告内容进行仔细检查，确保信息的准确性和完整性。必要时，可以邀请外部专家或专业机构进行评审，提出修改意见和建议，以进一步完善公告内容。

四、简历筛选

（一）初步筛选

根据招聘公告中的要求，进行初步筛选能够有效剔除不符合基本条件的应聘者，提高后续筛选工作的效率和质量。首先，在进行初步筛选之前，招聘小组需要详细解读招聘公告中的各项要求，包括学历、工作经验、专业技能等方面的硬性条件。通过建立一套清晰明确的筛选标准，确保筛选过程的公平性和科学性。简历筛选是初步筛选的第一步。招聘小组应根据招聘公告中的条件，逐一审查每位应聘者的简历。对于学历背景不符合要求的应聘者，如未达到所要求的硕士及以上学历，应立即剔除。此外，对于工作经验不足或不符合岗位要求的简历，也应在初步筛选中被排除。例如，若公告要求至少三年的教育管理工作经验，那么工作经验不足三年的应聘者将不再进入下一轮筛选。

招聘公告中通常会列出特定的专业技能或资格证书要求，如计算机应用能力、教育管理资格证等。初步筛选时，应仔细核对应聘者是否具备这些必要的技能和资格。对于不符合专业技能要求的应聘者，虽然其他方面可能表现优异，也应在初步筛选中剔除，以保证招聘过程的严谨性和标准化。在筛选过程中，还应注意应聘者的求职动机和个人陈述。虽然这些内容往往属于软性条件，但它们能够反映出应聘者对岗位的理解和认同程度。通过阅读求职信和个人陈述，招聘小组可以初步判断应聘者是否具有与岗位相匹配的职业兴趣和发展目标。如果应聘者的求职动机明显与岗位需求不符，如主要目标是换取更高的薪酬或寻求完全不同的职业方向，那么这些应聘者也应在初步筛选中被剔除。

对于简历信息不完整或存在明显错误的应聘者，应谨慎对待。虽然某些错误可能是疏忽造成的，但这些疏忽反映出应聘者在细节处理和态度上的问题。因此，对于简历中缺乏必要信息或存在较多错误的应聘者，应在初步筛选中予以剔除，以保证进入下一轮筛选的应聘者具备较高的专业素质和认真的工作态度。此外，初步筛选还应考虑应聘者的软技能和个人素质。这些内容虽然在简历中不易直接体现，但可以通过工作经历、项目经验等方面间接了解。例如，团队合作精神、沟通能力和领导能力等，在教育管理岗位中都非常重要。通过审阅应聘者在团队项目中的角色和表现，可以初步判断其是否具备这些软技能。如果应聘者缺乏相关的团队合作经验或领导经历，也应在初步筛选中被剔除。

在初步筛选过程中，还应保持开放的态度和灵活性。虽然严格按照招聘公告中的要求进行筛选非常重要，但也要注意不要过于机械地剔除一些潜在的优秀人才。例如，有些应聘者虽然学历或工作经验稍有不足，但在其他方面有突出的表现和潜力，招聘小组可以在讨论后决定是否让其进入下一轮筛选。初步筛选的目的是在众多应聘者中筛选出符合基本条件的候选人，从而提高后续筛选的效率和效果。通过严格的初步筛选，可以有效减少不必要的面试和评审工作，集中精力对符合条件的应聘者进行深入考察和评估。同时，初步筛选的公平性和科学性，也能够提高招聘过程的透明度和公信力，增强学校的声誉和吸引力。

（二）详细评审

对符合条件的简历进行详细评审，能够更深入地了解应聘者的实际能力和潜力，确保最终选拔出最合适的人才。首先，教育背景是详细评审中的重要考量因素之一。评审小组需要仔细核查应聘者的学历、学位和专业背景，确保其具备相应的学术基础和专业知识。特别是对于高级管理岗位，拥有名校背景或相关领域的高学历应聘者，通常会被视为优先考虑的对象。同时，评审还应关注应聘者在校期间的学术表现，如 GPA、奖学金和科研成果等，这些都可以反映出应聘者的学习能力和学术水平。详细评审应仔细审查应聘者的工作经历，特别是与教学管理相关的经历。通过分析其工作年限、职位变化、职责范围和具体项目，可以判断应聘者在实际工作中的表现和积累的经验。例如，应聘者是否有在类似规模的高校中担任过教学管理职位，是否参与过教育改革项目，是否有组织和管理大型教育活动的经验等，这些都是评估应聘者是否具备胜任岗位能力的重要依据。此外，工作经历的稳定性也是评审的重要参考，应聘者频繁更换工作可能反映出其职业稳定性不足。

应聘者是否具备岗位所需的核心技能，如教学管理能力、项目管理能力、数据分析能力、沟通协调能力等，是评审的关键。通过审查应聘者在简历中描述的技能和成功案例，可以初步判断其是否具备这些能力。例如，应聘者是否有成功实施教学改革的案例，是否具备利用数据分析提高教学质量的经验，是否有领导团队完成复杂项目的能力等。这些具体的案例和成就，可以有效地反映出应聘者的实际操作能力和解决问题的能力。在详细评审过程中，还应注重应聘者的个人素质和软技能。虽然这些内容在简历中不易直接体现，但可以通过工作经历和项目经验间接了解。例如，团队合作精神、领导能力、创新思维和抗压能力等，在教学管理岗位中都非常重要。通过分析应聘者在团队项目中的角色和表现，可以判断其是否具备这些软技能。如果应聘者在简历中描述了自己如何在团队中发挥领导作用，如何解决项目中的突发问题，这些都可以作为评估其个人素质的重要依据。

通过分析应聘者的求职信和个人陈述，可以了解其对教学管理岗位的理解和期望，以及其职业发展的长远规划。如果应聘者能够清晰地表达出对该岗位的兴趣和热情，并且其职业规划与学校的发展方向一致，那么其长期贡献和忠诚度也会更高。评审小组应优先考虑那些求职动机明确、职业规划清晰且与学校发展目标契合的应聘者。此外，评审过程中应保持公正和客观，避免任何形式的偏见和歧视。评审小组应根据统一的标准，对所有应聘者进行公平评估，确保评审结果的公正性和透明度。对于不同背景和经历的应聘者，应一视同仁，客观评估其实际能力和潜力。

详细评审的最终目的是从众多应聘者中选拔出最符合岗位要求的优秀人才。通过全面、深入的评审，评审小组可以对每位应聘者有一个清晰、全面的了解，从而做出科学、合理的决策。在评审过程中，应充分发挥团队的智慧和经验，通过讨论和交流，形成一致的评审意见，确保选拔结果的科学性和准确性。

五、初试面试

（一）面试形式

通过选择合适的初试形式，可以更全面地考察应聘者的能力和素质，从而提高招聘的科学性和有效性。笔试是初试中常用的一种方式。笔试能够有效考察应聘者的专业知识和综合素质，尤其是在教育管理领域，通过设计合理的笔试题目，可以测试应聘者在教学管理理论、教育政策法规、项目管理等方面的掌握情况。笔试的形式可以包括选择题、填空题、简答题和案例分析题等，以全面评估应聘者的理论知识和实际应用能力。面谈可以通过直接交流，深入了解应聘者的个人素质、沟通能力和应变能力。在面谈中，面试官可以根据应聘者的简历和笔试结果，提出具体的问题，进一步验证其专业知识和实际经验。此外，面谈还可以观察应聘者的表达能力、思维逻辑和人际交往技巧，这些都是教学管理岗位所必需的素质。通过面谈，可以更直观地判断应聘者是否具备胜任岗位的综合能力。

除了笔试和面谈，结构化面试也是一种常见的初试形式。结构化面试是一种标准化的面试方法，通过预先设计的问题和评分标准，确保每位应聘者都接受相同的考核。这样可以有效提高面试的公平性和科学性。在结构化面试中，面试官可以针对岗位职责和任职要求，提出一系列与工作相关的问题，通过应聘者的回答，全面评估其专业知识、工作能力和职业素养。无领导小组讨论是另一种有效的初试形式。无领导小组讨论通过设置一个与工作相关的主题，让多位应聘者在没有明确领导的情况下进行讨论。通过观察应聘者在讨论中的表现，可以评估其团队合作能力、领导能力、沟通能力和解决问题的能力。这种形式特别适用于考察应聘者在团队环境中的表现和综合素质，为岗位选拔提供更全面的信息。

情景模拟也是初试中常用的一种方法。通过设计模拟真实工作情境的任务或问题，让应聘者在特定的情境下进行操作和应对。情景模拟可以全面考察应聘者的实际操作能力、应变能力和压力管理能力。例如，可以设置一个教学管理中的突发事件，观察应聘者如何处理和解决问题，从而评估其在实际工作中的表现和能力。在线面试在现代招聘中也越来越受到重视。特别是在地理位置受限或特殊情况下，在线面试能够灵活安排时间和地点，方便应聘者和面试官进行交流。通过视频会议软件进行在线面试，可以有效节省时间和成本，同时也能够实现面对面的沟通，评估应聘者的综合素质和表达能力。在线面试的准备和组织需要确保技术支持和网络环境的稳定，以保证面试过程的顺利进行。

综合运用多种面试形式，可以更全面、客观地评估应聘者的综合能力和素质。

在确定初试形式时，应根据岗位的具体要求和应聘者的情况，选择适当的面试形式，确保面试的科学性和有效性。例如，对于管理岗位，可以重点采用结构化面试和无领导小组讨论，以考察应聘者的管理能力和团队合作能力；对于技术岗位，可以重点采用笔试和情景模拟，以考察应聘者的专业知识和实际操作能力。

（二）面试官安排

挑选有经验的管理人员和专家担任面试官，能够确保面试的公平性和专业性，从而提高招聘工作的质量和效果。经验丰富的管理人员对教育管理工作的实际需求和岗位职责有深刻理解，能够根据岗位要求提出具有针对性的问题，全面评估应聘者的能力和素质。通过他们的专业视角，可以更准确地判断应聘者是否符合岗位要求。专家在其专业领域拥有深厚的学术背景和研究成果，能够从专业角度出发，评估应聘者的学术水平和研究能力。对于涉及学术管理和科研管理的岗位，专家的参与尤为重要。他们可以通过学术讨论和专业问题，深入了解应聘者的专业素养和科研能力，为学校选拔具备高水平学术背景的人才提供有力支持。

一个多样化的面试团队可以从不同角度评估应聘者，确保面试过程的全面性和客观性。团队成员应包括教学管理人员、学科专家、学生代表等，通过多方意见和综合评估，确保对应聘者的全面了解和公平判断。例如，教学管理人员可以评估应聘者的管理能力和实践经验；学科专家可以考察应聘者的专业知识和学术背景；学生代表则可以从学生的角度评估应聘者的沟通能力和亲和力。在面试前，所有面试官应接受统一的培训，了解面试的流程、评分标准和注意事项。培训内容应包括面试技巧、评分方法、公平性和非歧视性原则等。通过系统培训，确保面试官能够在面试中保持专业性和公正性，避免主观偏见和误判。同时，面试官还应充分准备，根据岗位要求和应聘者的简历，设计具体的问题和评估标准，以确保面试过程的高效性和针对性。

通过明确分工和合作，可以提高面试的效率和效果。例如，可以安排一位面试官主导提问，其他面试官进行补充和记录；也可以根据应聘者的表现，及时调整提问的方向和深度，确保每个应聘者都能够充分展示自己的能力和特长。通过团队的协作和互动，可以形成更加全面和客观评估结果。在面试过程中，面试官不仅要听取应聘者的回答，还要注意观察应聘者的非语言行为，如表情、眼神、肢体语言等。这些细节可以反映出应聘者的心理状态、应变能力和人际交往技巧。通过综合分析语言和非语言行为，可以更准确地判断应聘者的综合素质和岗位适应性。在每轮面试结束后，面试官应及时进行总结和反馈，记录应聘者的表现和评估意见。这些记录不仅为后续的决策提供依据，也有助于保证整个招聘过程的透明性和公正性。在最终决策前，面试官应进行集体讨论，综合各方面的意见，形成一致的评估结果，确保选拔到最合适的人才。

（三）考察内容

重点考察应聘者的专业知识、管理能力、沟通能力和应变能力，可以全面评估其是否具备胜任岗位的综合素质。专业知识是评估应聘者是否符合岗位要求的基础。应聘者需要具备扎实的教育管理理论和相关专业知识，能够理解和运用现代教育管理理念和方法。通过设置专业知识问答、案例分析等环节，可以深入考察应聘者在教学管理、课程设计、教育政策等方面的知识储备和实际应用能力。教学管理人员需要具备出色的组织协调能力和领导才能，能够高效管理教学资源、协调各部门工作、推动教育改革和创新。通过设定模拟管理场景或管理案例讨论，可以观察应聘者的决策能力、组织能力和领导风格。评估其在面对复杂管理任务时的应对策略和实际执行力，从而判断其管理能力是否符合岗位需求。

教学管理人员需要与教师、学生、家长及其他相关部门保持密切沟通。通过面试对话和互动，可以考察应聘者的语言表达能力、倾听能力和人际交往技巧。观察其在回答问题时的条理性和逻辑性，以及在沟通过程中表现出的亲和力和说服力，从而评估其沟通能力的强弱。此外，还可以通过模拟面谈或角色扮演等方式，进一步考察其在具体情境中的沟通技巧和应对策略。应变能力是评估应聘者在突发情况下的反应速度和处理能力的关键指标。在教学管理工作中，常常会遇到各种突发事件和复杂问题，需要管理人员具备良好的应变能力和解决问题的能力。通过设置紧急情况模拟或突发事件处理情景，可以观察应聘者在压力下的表现，评估其分析问题、制定解决方案和执行决策的能力。应变能力的强弱，不仅反映出应聘者的心理素质和抗压能力，还能体现其灵活应对和高效处理问题的能力。

在具体的面试环节中，可以通过多种方式综合考察应聘者的综合素质。例如，通过结构化面试和情景模拟相结合，可以全面了解应聘者在不同情境下的表现。结构化面试可以通过预设的问题和评分标准，系统评估应聘者的专业知识和管理能力；情景模拟则通过实际操作和互动，考察应聘者的应变能力和沟通技巧。此外，通过无领导小组讨论，可以观察应聘者在团队环境中的合作能力和领导潜力，进一步评估其管理和沟通能力。在考察内容的设计和实施过程中，还应注意公平性和科学性。所有应聘者应接受相同的考核标准和评估程序，确保面试过程的公正性和透明度。通过量化评分和集体评议，可以提高评估结果的客观性和准确性。此外，面试官应保持专业性和中立性，避免主观偏见和个人情感影响评估结果。

为了提高考察内容的全面性和有效性，还可以结合多种评估手段和工具。例如，通过心理测评和能力测试，可以补充和验证面试中的观察结果，为评估提供更多的数据支持。通过综合运用多种评估方法，可以更全面、准确地判断应聘者的综合素质和岗位适应性。

六、复试面试

（一）面试流程

面试流程在高等学校教学管理人员招聘过程中至关重要，合理的面试流程可以确保选拔出最合适的人才。通过初试的应聘者进入复试阶段，复试可以包括结构化面试、无领导小组讨论等多种方式，以全面考察应聘者的综合素质和实际能力。结构化面试通过预设的问题和统一的评分标准，确保对每位应聘者进行公平、客观评估。面试官根据岗位要求，设计一系列与工作相关的问题，深入了解其专业知识、工作经验、管理能力和职业素养。结构化面试的优势在于其标准化和系统性，能够有效减少主观偏见，提高面试的公平性和科学性。无领导小组讨论的设计应注重主题的相关性和挑战性，以便充分考察应聘者的实际能力和应变能力。

在复试过程中，还可以结合情景模拟的方式。情景模拟的设计应尽量贴近实际工作情境，以确保考察结果的真实性和有效性。除了上述面试形式，复试阶段还可以包括个人陈述和案例分析。个人陈述可以让应聘者有机会详细介绍自己的职业经历、工作业绩和职业规划，通过应聘者的陈述，可以评估其语言表达能力、自我认知能力和职业发展潜力。案例分析则通过提供一个复杂的工作案例，让应聘者进行分析和提出解决方案，以考察其分析问题、解决问题的能力和逻辑思维能力。个人陈述和案例分析的结合，可以全面了解应聘者的综合素质和岗位适应性。

面试官应包括具备丰富经验的管理人员和学科专家，确保面试的专业性和权威性。面试官的提问应紧扣岗位要求，注重考察应聘者的实际能力和综合素质，同时应保持中立和客观，避免主观偏见和个人情感的影响。合理的时间安排可以确保每位应聘者有足够的时间展示自己的能力，同时也能保证面试官有足够的时间进行全面评估。面试的组织管理应注重细节，确保面试场地、设备和资料的准备工作到位，保证面试过程的顺利进行。在复试结束后，应及时进行评估和总结，记录每位应聘者的表现和评估意见，为最终的录用决策提供科学依据。

复试阶段的面试流程设计应注重全面性和系统性。通过多种面试形式的结合，可以全面考察应聘者的专业知识、管理能力、沟通能力和应变能力，确保选拔出最合适的人才。复试的流程应包括结构化面试、无领导小组讨论、情景模拟、个人陈述和案例分析等环节，通过系统的评估和综合分析，为学校的教学管理工作选拔到最优秀的人才。

（二）综合评估

综合评估是高等学校教学管理人员招聘中至关重要的环节，通过全面评估应聘者的综合素质，可以确保选拔出最合适的人才。教学管理人员需要具备卓越的领导能力，以有效组织和管理教学团队，推动教育改革和创新。通过面试中的情景模拟和案例分析，可以观察应聘者在面对复杂管理任务时的决策能力和领导风格。例如，可以设置一个模拟的危机管理情景，观察应聘者如何指挥团队、分配任务和解决问题，从而评估其领导能力的强弱和适应性。教学管理工作离不开团队的支持和合作，管理人员需要具备良好的团队协作能力，能够协调各方资源，促进团队成员的合作与交流。在无领导小组讨论中，可以观察应聘者在团队中的表现，评估其是否能够倾听他人意见、有效沟通并达成共识。此外，通过应聘者在个人陈述中对以往团队项目的描述，可以进一步了解其在团队合作中的具体角色和贡献，从而全面评估其团队协作能力。

教学管理工作中常常会遇到各种突发事件和复杂问题，管理人员需要具备敏锐的洞察力和快速反应能力，能够在压力下冷静分析问题并找到有效的解决方案。在复试中，通过设置复杂问题的案例分析，可以考察应聘者的逻辑思维能力、分析问题的深度和解决问题的创造性。例如，可以提出一个具体的教学管理难题，让应聘者在限定时间内提出解决方案，并解释其思路和策略，从而评估其解决问题的能力和应变能力。在综合评估过程中，沟通能力是不可忽视的评估指标。教学管理人员需要与教师、学生、家长及其他相关部门保持密切联系。通过面试中的互动和提问，可以评估应聘者的语言表达能力、倾听能力和人际交往技巧。应聘者是否能够清晰、简明地表达自己的观点，是否能够有效倾听并回应他人的意见，这些都是评估其沟通能力的重要依据。

教育领域的不断发展和变化要求教学管理人员具备创新思维，能够不断探索和实施新的教育理念和方法。在面试中，通过开放性问题和案例讨论，可以评估应聘者的创新能力。例如，可以让应聘者提出对现行教学管理模式的改进建议，观察其是否能够提出具有创造性和可行性的方案，从而评估其创新能力和实践能力。教学管理岗位不仅需要专业能力，还需要高度的责任感和职业道德。通过询问应聘者以往工作中的具体案例和个人经历，可以了解其在面对责任和挑战时的表现和态度。例如，询问应聘者如何处理工作中的冲突和困难，如何面对工作中的压力和挑战，可以评估其责任感和职业道德，从而判断其是否能够胜任教学管理岗位。

通过结构化面试、无领导小组讨论、情景模拟、个人陈述和心理测评等多种方式，全面评估应聘者的各项素质。每一种评估方法都有其独特的优势和适用范围，通过综合运用，可以确保评估结果的全面性和准确性。此外，评估过程中应保持公平性和透明度，确保每位应聘者都能够在同等条件下接受评估，避免主观偏见和不公平待遇。通过对各项评估结果的汇总和分析，可以形成对每位应聘者的综合评价。评估小组应进行集体讨论，结合各项评估结果，全面考虑应聘者的优缺点和岗位适应性，最终形成一致的评估意见。综合评估的目的是确保选拔到最合适的优秀人才，为学校的教学管理工作提供坚实的保障。

（三）背景调查

背景调查是高等学校教学管理人员招聘过程中至关重要的一环，对复试表现优秀的应聘者进行背景调查，核实其学历、工作经历等信息，能够有效保证招聘的公正性和准确性。通过联系应聘者所提供的教育机构，可以确认其学历和学位的真实性。这一步骤不仅能够防范虚假学历的风险，还能够了解应聘者的专业背景和学术能力，确保其具备岗位所需的基本教育条件。应聘者的工作经历往往是其职业能力和素质的重要体现，通过联系其前任雇主或相关机构，可以核实其工作履历的真实性和准确性。背景调查人员可以询问应聘者在以往工作中的具体职责、工作表现和职业道德等方面的信息。例如，可以了解应聘者是否在其简历中所述的时间段内实际在某公司或机构任职，是否担任过所描述的职务，以及其在工作中的具体表现和贡献。

对于某些特定岗位，专业技能和资格证书是必备条件，通过联系发证机构或相关专业组织，可以确认应聘者所提供的证书和技能的真实性。例如，某些管理岗位可能要求应聘者具备特定的教育管理资格证书或专业认证，背景调查可以有效防范虚假证书的风险，确保应聘者具备胜任岗位的专业技能。通过与应聘者的前任上级、同事或下属进行沟通，可以了解其在工作中的人际关系、团队合作精神和职业道德等方面的表现。例如，可以询问应聘者在团队中是否能够有效合作，是否具备良好的领导能力和沟通技巧，以及在面对工作压力和挑战时的表现。这些信息对于全面了解应聘者的个人素质和职业道德具有重要意义，有助于判断其是否适合学校的工作环境和文化。

在背景调查过程中，还应注意隐私保护和合法合规性。背景调查应遵循相关法律法规和隐私保护政策，确保应聘者的个人信息不被滥用或泄露。在进行背景调查前，应征得应聘者的同意，并明确告知其背景调查的内容和目的。同时，在调查过程中，应保持客观和中立，避免主观偏见和个人情感影响调查结果。通过背景调查，可以有效降低招聘风险，确保选拔到真实可靠、符合岗位要求的优秀人才。背景调查不仅能够验证应聘者所提供信息的真实性，还能够提供面试过程中无法全面了解的个人素质和职业道德信息。例如，通过背景调查可以发现应聘者的职业稳定性、工作态度和责任感等，这些都是在面试中难以全面评估的重要素质。背景调查的结果应及时汇总和分析，作为最终录用决策的重要参考。

七、决策与录用

（一）决策会议

决策会议是高等学校教学管理人员招聘过程中至关重要的一环，通过组织招聘委员会召开决策会议，综合面试结果和背景调查情况，最终确定录用人员名单，确保招聘过程的科学性和公正性。在正式会议召开前，招聘委员会应准备好所有应聘者的面试记录、背景调查报告和其他相关资料，确保每位委员都能够全面了解应聘者的综合情况。这些资料的准备和整理工作，需要招聘小组的细致和认真，以确保会议的高效进行。在会议开始时，首先由招聘小组或面试官代表对每位应聘者的面试表现和背景调查情况进行详细汇报。汇报内容应包括应聘者的教育背景、工作经历、专业技能、面试表现、背景调查结果等方面的综合评估。通过系统的汇报和介绍，确保每位委员会成员对应聘者的情况有全面了解。

在汇报结束后，委员会成员应进行充分的讨论和交流。每位成员应结合自己的专业背景和岗位需求，发表对各应聘者的看法和评价。讨论过程中，应注重应聘者的优势和不足，特别是其在面试中展示的专业能力、管理能力、沟通能力和应变能力，以及背景调查中发现的个人品行和职业道德问题。通过深入讨论和交流，可以全面评估应聘者的综合素质和岗位适应性。在讨论过程中，招聘委员会应注重公平性和公正性。委员会成员应保持客观中立，充分考虑各方面的意见和建议，确保评估过程的公正和透明。此外，为了提高讨论的效率和质量，可以采用评分表或评估指标，对应聘者的各项素质进行量化评分，通过综合评分结果，形成对应聘者的客观评价。

决策会议的最终目的是确定录用人员名单。在充分讨论和综合评估的基础上，委员会成员应进行表决或投票，确定最终的录用人员名单。在表决过程中，可以采用无记名投票或公开表决的方式，确保表决结果的公平性和透明度。对于争议较大的应聘者，可以进行多轮讨论和表决，直到形成一致意见或多数意见为止。确定最终录用人员名单后，招聘委员会应及时制作会议记录和决策报告。会议记录应详细记录每位应聘者的讨论情况、表决结果和最终决策，作为招聘工作的档案保存。决策报告应包括录用人员名单、录用理由和背景调查情况，报送学校领导和相关部门审批。通过详细的会议记录和决策报告，可以确保招聘过程的透明性和可追溯性，为后续的录用通知和入职安排提供依据。

在决策会议结束后，应及时通知录用人员，并进行后续的录用手续办理。录用通知应包括录用职位、入职时间、工作安排等具体事项，确保录用人员能够及时了解和准备。对于未被录用的应聘者，也应及时通知，并感谢其对学校的关注和参与，通过礼貌和专业的通知方式，维护学校的良好形象和声誉。决策会议的成功召开，离不开招聘委员会成员的专业素质和认真负责的态度。通过系统的汇报、充分的讨论、科学的表决和详细的记录，决策会议能够确保录用决策的科学性和公正性。最终形成的录用人员名单，既是对招聘工作的总结，也是学校未来发展的重要保障。

（二）录用通知

录用通知是高等学校教学管理人员招聘过程中最后一个重要环节，向录用人员发出录用通知，明确入职时间、工作安排等具体事宜，确保新员工能够顺利入职并快速适应新的工作环境。录用通知应包括录用职位、部门、直接上级、入职日期和工作地点等基本信息。通过明确这些关键信息，可以帮助录用人员提前做好入职准备，并了解未来的工作环境和工作内容。为了确保新员工能够顺利办理入职手续，通知中应列出具体的入职流程和所需提交的材料，如身份证明、学历证书、工作经历证明、体检报告等。通过详细说明入职流程和所需材料，可以减少新员工在入职过程中的困惑和不便，提高入职效率。

在录用通知中，还应明确薪酬待遇和福利政策。薪酬待遇是新员工关心的核心问题之一，通知中应明确新员工的基本工资、绩效奖金、津贴补助等具体内容。同时，还应详细说明学校的福利政策，如住房补贴、医疗保险、带薪休假等，通过明确薪酬待遇和福利政策，可以增强新员工的归属感和满意度。录用通知还应包含工作安排和培训计划。为了帮助新员工快速适应新的工作环境和岗位职责，通知中应详细说明新员工的工作安排和培训计划，包括入职培训、岗位培训、导师安排等。通过系统的培训计划，可以帮助新员工掌握必要的工作技能和知识，快速融入团队。

在录用通知的发送方式上，学校应选择便捷且正式的方式。通常可以通过电子邮件和书面通知相结合的方式，确保录用通知能够及时准确地送达录用人员手中。电子邮件具有传递快速和便捷的特点，而书面通知则具有正式和权威的作用，通过两种方式的结合，可以提高通知的送达效率和正式性。录用通知的语言应简明、正式且具有亲和力。在撰写录用通知时，应避免使用过于复杂和专业的术语，确保语言的简明易懂。同时，应注意保持正式和权威的语气，体现学校的严谨和专业。此外，可以适当加入一些亲和力的表达，如对新员工的欢迎和期待，增强通知的温馨感和人情味。

在发送录用通知后，学校应安排专人进行后续的跟进和协调。通过电话或邮件与录用人员保持联系，解答其在入职过程中遇到的问题和困惑。通过及时跟进和协调，可以确保新员工的顺利入职，提高其对学校的认可和信任。在决策会议结束并确定录用人员名单后，学校应尽快发出录用通知，避免因为时间拖延而影响录用人员的入职准备和计划。同时，通过及时的通知，可以提高新员工的归属感和责任感，增强其对新岗位的期待和信心。在录用通知的反馈和确认环节，学校应明确录用人员的回复时间和方式。通知中应要求录用人员在规定时间内确认是否接受录用，并提供必要的联系方式和回复方式。通过明确的反馈和确认环节，可以确保录用工作的顺利进行，避免因信息不对称而产生的误解和延误。

八、入职培训

（一）培训内容

培训内容是高等学校教学管理人员入职的重要一环，制定详细的入职培训计划，包括学校文化、规章制度、岗位职责等内容，能够帮助新员工快速适应工作环境，提升工作效率和职业素养。新员工需要了解学校的历史背景、办学理念、发展目标和价值观等，通过对学校文化的深入了解，可以增强新员工的归属感和认同感，帮助他们更好地融入学校团队。可以通过讲座、视频介绍和参观校园等多种形式，生动地展示学校的文化底蕴和精神风貌。详细讲解学校的各项规章制度，如考勤制度、请假制度、绩效考核制度等，可以帮助新员工了解并遵守学校的管理规范，避免因不了解制度而出现违规行为。此外，还应介绍学校的安全管理规定和紧急事件处理流程，提高新员工的安全意识和应急处理能力。在规章制度培训中，可以通过案例分析和模拟演练等方式，增强培训的实用性和互动性。

新员工需要明确自己的工作职责和任务，了解岗位的工作流程和标准。通过详细介绍岗位职责，可以帮助新员工快速上手工作。在岗位职责培训中，应包括具体的工作内容、工作标准、工作流程以及与其他部门的协作关系等。可以邀请有经验的管理人员或前任岗位负责人进行讲解，结合实际工作案例，帮助新员工理解和掌握岗位要求。除了上述内容，职业发展规划和个人成长也是入职培训的重要内容。新员工需要了解学校为其提供的职业发展机会和晋升通道，通过明确的职业发展规划，可以增强新员工的职业信心和工作动力。在职业发展培训中，可以介绍学校的培训项目、学术交流机会、科研支持政策等，帮助新员工规划自己的职业发展路径。此外，还应提供个人成长的建议和指导，如时间管理、沟通技巧、压力管理等，提高新员工的综合素质和职业素养。

通过团队建设活动，如拓展训练、团队游戏等，可以增强新员工之间的交流与合作，促进团队凝聚力。在人际关系培训中，可以介绍学校的人际关系文化和沟通技巧，帮助新员工建立良好的人际关系，提高团队协作能力。对于教学管理人员来说，熟练掌握现代教育技术和管理工具是提高工作效率的重要手段。在技术技能培训中，可以安排计算机应用、数据分析、教学管理系统等方面的培训，帮助新员工掌握必要的技术技能。可以通过实操演练和案例教学，增强培训的实际效果。通过对培训效果的评估，可以了解新员工的学习情况和培训效果，及时调整培训内容和方法。在培训结束后，可以通过问卷调查、座谈会等方式，收集新员工的反馈意见，了解培训的优缺点，不断改进和优化培训计划，提高培训的质量和效果。

（二）培训安排

培训安排是高等学校教学管理人员入职培训中至关重要的部分，通过系统的培训安排，可以帮助新员工尽快适应新的工作环境和岗位要求。在培训日程中，应明确每个培训环节的时间、地点和培训内容，确保每位新员工能够有条不紊地参加各项培训活动。培训日程应合理安排，不仅要覆盖所有必要的培训内容，还应考虑新员工的学习和适应能力，避免过于紧凑或过于松散。入职培训应包括学校文化、规章制度、岗位职责、职业发展规划、团队建设和技术技能等方面的内容。可以帮助新员工全面了解学校的基本情况和管理规范，掌握岗位职责和工作流程，提高职业素养和工作能力。例如，在培训初期，可以安排学校文化和规章制度的培训，帮助新员工建立对学校的初步了解和认同；在培训中期，可以重点进行岗位职责和技术技能的培训，帮助新员工掌握具体的工作内容和操作技能；在培训后期，可以安排职业发展和团队建设的培训，帮助新员工规划职业发展路径，增强团队协作能力。

为了提高培训效果，可以采用讲座、视频介绍、案例分析、实操演练、团队活动等多种培训形式。通过多样化的培训形式，可以增强培训的吸引力和实用性，帮助新员工更好地理解和掌握培训内容。例如，可以通过视频介绍学校的历史和发展，通过讲座讲解学校的规章制度和管理规范，通过案例分析和实操演练帮助新员工掌握具体的工作技能和操作流程，通过团队活动增强新员工之间的交流与合作。为每位新员工安排一名经验丰富的导师，指导和帮助新员工适应新的工作环境和岗位要求。导师不仅可以在工作中提供具体的指导和帮助，还可以在生活上给予关怀和支持，帮助新员工快速融入团队。

合理的时间管理可以提高培训的效率和效果，确保每位新员工都能充分参与各项培训活动。在安排培训时间时，应充分考虑新员工的学习能力和适应速度，避免过于紧凑安排影响培训效果。同时，也应考虑到新员工的休息和放松时间，避免过度疲劳影响学习效果。为了确保培训安排的顺利进行，培训的组织和协调工作也至关重要。培训组织者应做好培训场地、设备、资料等各方面的准备工作，确保培训过程的顺利进行。例如，提前预定培训场地，准备好培训所需的设备和资料，安排好培训讲师和导师，确保培训活动的每一个环节都能够顺利进行。此外，培训组织者还应做好培训期间的后勤保障工作，如提供饮水、餐饮、交通等服务，确保新员工能够安心参加培训。

九、试用期考核

（一）考核标准

制定明确的试用期考核标准，重点考察新员工的工作态度、工作能力和适应情况。

（二）考核反馈

考核标准是高等学校教学管理人员试用期评估的重要依据，能够有效评估新员工的工作态度、工作能力和适应情况。新员工的工作态度直接影响其工作效率和团队合作。通过定期观察和反馈，可以评估新员工是否积极主动、认真负责、遵守纪律。具体考核标准可以包括出勤情况、工作主动性、任务完成情况、纪律遵守情况等方面。例如，新员工是否按时上下班，是否主动承担工作任务，是否按时完成工作任务，是否遵守学校的各项规章制度等。工作能力的考核应包括专业知识、实际操作能力、问题解决能力等方面。具体标准可以包括工作质量、工作效率、专业技能掌握情况、创新能力等。例如，新员工在工作中是否能够运用所学专业知识解决实际问题，工作质量是否达到预期标准，工作效率是否符合岗位要求，是否具备创新思维和能力等。在考核过程中，可以通过工作任务的完成情况、上级和同事的反馈、实际操作演练等多种方式，全面评估新员工的工作能力。

新员工能否快速适应新的工作环境和岗位要求，直接影响其工作表现和职业发展。适应情况的考核标准可以包括团队合作能力、沟通能力、学习能力等方面。例如，新员工是否能够与同事和上级建立良好的工作关系，是否能够有效沟通和协作，是否能够快速学习和掌握新知识和技能等。通过定期的沟通和交流，可以了解新员工的适应情况，帮助其解决适应过程中遇到的问题，提高其工作效率和职业满意度。为了确保考核的公平性和客观性，考核标准应具体明确，避免模糊和主观判断。例如，在工作态度的考核中，可以设定具体的出勤记录、任务完成记录、纪律违纪记录等；在工作能力的考核中，可以设定具体的工作质量评分标准、工作效率统计指标、专业技能测试项目等；在适应情况的考核中，可以设定具体的团队合作评价表、沟通能力问卷、学习能力测试等。通过量化和具体化的考核标准，可以提高考核的科学性和公正性。

在制定考核标准时，还应考虑到不同岗位的具体要求和特点。不同岗位对工作态度、工作能力和适应情况的要求各不相同，因此，考核标准应根据岗位的具体要求进行调整和细化。例如，考核标准应更加注重领导能力、决策能力和组织协调能力；考核标准应更加注重专业技能、技术创新能力和实际操作能力；对于服务岗位，考核标准应更加注重服务态度、沟通能力和客户满意度等。通过针对性考核标准，可以更加准确地评估新员工的岗位适应性和工作能力。为了确保考核过程的透明和公正，考核标准应提前向新员工明确说明。在新员工入职时，应详细介绍试用期考核的内容、标准和流程，让新员工了解考核的具体要求和评价方式，增强其工作的目标性和主动性。此外，考核过程中应定期进行沟通和反馈，及时向新员工提供考核结果和改进建议，帮助其不断提升工作能力和表现。试用期考核的最终目的是评估新员工的综合素质和岗位适应性，帮助学校做出科学的录用决策。通过制定明确的试用期考核标准，全面评估新员工的工作态度、工作能力和适应情况，可以有效筛选出符合岗位要求的优秀人才，为学校的发展提供坚实的人才保障。

十、正式录用

（一）转正手续

转正手续是高等学校教学管理人员试用期考核结束后的关键环节，对通过试用期考核的新员工，办理正式录用手续，包括签订正式劳动合同等，是确保新员工合法权益和稳定工作的必要步骤。试用期考核结束后，学校应及时通知通过考核的新员工，告知其考核结果和转正安排。通过正式的书面通知或邮件通知，可以确保信息传递的准确性和严谨性，同时也体现了学校对新员工的重视和尊重。正式劳动合同是保障新员工合法权益的重要法律文件，明确了劳动双方的权利和义务。合同内容应包括工作岗位、工作职责、工资待遇、工作时间、休假制度、保险福利等具体条款。签订合同时，学校应详细解释合同内容，确保新员工充分理解和同意各项条款，避免因理解不一致引发的纠纷。在签订正式劳动合同前，学校应对合同条款进行严格审查，确保符合国家劳动法律法规和学校的相关政策。

劳动合同签订后，学校应及时为新员工办理各项社会保险和公积金手续。这是保障新员工社会福利和权益的重要措施，包括养老保险、医疗保险、失业保险、工伤保险和住房公积金等。学校应根据当地的法律法规和政策要求，为新员工办理相关手续，确保其社会保障权益得到全面落实。此外，转正手续还包括为新员工办理正式入职登记和档案管理。学校应为新员工建立个人档案，记录其工作经历、绩效考核、奖惩情况等。这不仅有助于学校对新员工的管理和评价，也为新员工的职业发展提供重要依据。档案管理应严格按照学校的管理规定和保密要求，确保档案信息的完整性和安全性。

在转正手续办理过程中，学校还应为新员工提供详细的工作安排和岗位培训。通过明确的工作安排，可以帮助新员工快速融入工作团队，熟悉工作流程和职责。岗位培训则是提高新员工职业技能和素质的重要手段，包括专业知识培训、岗位技能培训、管理能力培训等。通过系统的岗位培训，可以帮助新员工不断提升工作能力，适应岗位要求，为其职业发展奠定基础。为了增强新员工的归属感和认同感，学校还应在转正手续办理过程中，适当开展一些欢迎和交流活动。例如，可以组织新员工欢迎会、团队建设活动等，增强新员工与同事之间的了解和交流，促进团队合作和凝聚力。通过这些活动，可以帮助新员工更好地融入学校文化和工作环境，提高其工作满意度和积极性。

转正手续办理的过程中，学校应注重程序的规范性和透明度。每一个环节都应有明确的程序和规定，确保手续办理的公正性和严谨性。对于新员工的疑问和问题，学校应及时解答和处理。此外，学校还应对转正手续办理情况进行监督和检查，确保各项手续办理的及时性和准确性，避免因手续不全或拖延造成的不良影响。在转正手续办理完成后，学校应定期对新员工的工作表现进行跟踪和评价。通过定期的沟通和反馈，可以了解新员工的工作情况和需求，帮助其不断提高工作能力和绩效。定期的工作评价和反馈，不仅有助于新员工的职业发展，也为学校的人才管理和培养提供重要参考。

（二）持续发展

持续发展是高等学校教学管理人员职业生涯中至关重要的方面，为新员工制定职业发展规划，提供继续教育和培训机会，能够有效促进其职业成长和发展。首先，制定明确的职业发展规划是促进新员工持续发展的基础。通过与新员工进行深入沟通，了解其职业目标、兴趣和潜力，学校可以为其制定个性化的职业发展规划。这个规划应包括短期、中期和长期目标，明确新员工在不同阶段需要达到的目标和要求。同时，职业发展规划还应详细列出实现这些目标所需的资源和支持，如培训课程、学术交流机会、科研项目等。继续教育不仅可以帮助新员工更新知识、提升技能，还可以拓宽其视野和思维方式。在这方面，学校应定期组织各种形式的培训和学习活动，如专题讲座、研讨会、工作坊等。此外，还应鼓励和支持新员工参加外部的专业培训和学术会议，获取行业前沿信息和最新研究成果，提升其专业素养和学术水平。

在继续教育和培训的内容设计上，应注重多样性和针对性。不同的新员工在职业发展过程中有不同的需求和目标，因此，培训内容应根据其具体情况进行定制。例如，对于教学管理人员，可以提供教育管理理论、教学方法改革、教育技术应用等方面的培训；对于科研人员，可以提供科研方法、项目管理、论文写作与发表等方面的培训。通过有针对性培训，可以帮助新员工在其专业领域不断进步和发展。为每位新员工配备经验丰富的导师，导师可以在职业发展规划、专业技能提升、工作方法改进等方面提供指导和帮助。导师可以了解新员工在工作中的困惑和挑战，提供针对性的建议和支持，帮助其顺利度过职业发展中的各个阶段。导师制不仅可以提升新员工的职业技能和素质，还可以增强其归属感和职业认同感。

学校还应建立完善的绩效评估和反馈机制，通过定期的绩效评估，可以了解新员工的工作表现和发展情况，及时发现其优点和不足。绩效评估应结合新员工的职业发展规划，评估其在不同阶段的目标达成情况。通过详细的反馈和指导，可以帮助新员工明确下一步的发展方向和改进措施，持续提升其工作能力和职业素养。此外，绩效评估还可以为新员工的晋升和奖励提供重要依据，激励其不断努力和进步。在促进新员工职业发展的过程中，学校应注重提供良好的工作环境和发展平台。良好的工作环境不仅包括物质条件的保障，如办公设施、科研设备、图书资源等，还包括精神环境的营造，如良好的工作氛围、积极的团队文化、和谐的人际关系等。通过提供良好的工作环境，可以激发新员工的工作热情和创新精神，提高其工作效率和满意度。此外，学校还应为新员工提供广阔的发展平台，如参与重大科研项目、担任重要教学任务、参与学校管理和决策等，通过这些机会，可以帮助新员工积累经验、展示才能、提升影响力。通过与国内外知名学者、专家和同行的交流与合作，可以获取最新的学术动态和研究成果，拓宽研究视野和思路，提升学术水平和研究能力。学校应积极搭建学术交流平台，提供经费支持和政策保障，鼓励和支持新员工参与各种形式的学术交流活动。

第四章 高等学校教学管理队伍的培训与发展

第一节 高等学校教学管理人员的培训需求分析

一、专业知识更新需求

高等学校教学管理人员需要不断更新专业知识，以适应教育领域的新发展和新要求，这是确保他们在快速变化的教育环境中保持竞争力和有效性的关键。随着教育管理实践的不断深化和拓展，新理论和新方法层出不穷，管理人员必须及时掌握这些新理论，才能有效应对复杂的教育管理问题。因此，定期学习和更新教育管理理论是不可或缺的环节。高等学校教学管理人员必须熟悉和掌握各种教育技术工具和平台，如在线教学平台、教育管理系统、大数据分析工具等。这些技术不仅能提高管理效率，还能为教学质量监控、教学效果评估等提供科学依据。通过持续学习和实践，教学管理人员可以更好地应用这些技术，提高工作效率和决策水平。

传统的教学方法已无法满足现代教育的需求，新的教学模式和方法如混合式学习、翻转课堂、项目式学习等，正在逐渐成为主流。管理人员必须了解这些新方法的理论基础和实践应用，才能有效支持和推动学校的教学改革。通过参与相关培训和研讨，可以为教师提供更有针对性指导和支持，促进教学质量的提升。教学管理人员可以聆听国内外知名专家学者的最新研究成果和实践经验，开阔视野，启迪思维。同时，这些活动还为管理人员提供了交流和互动的平台，可以与同行分享经验、探讨问题，共同进步。定期参加这些讲座和研讨会，可以帮助管理人员保持对教育领域最新动态的敏锐感知，及时调整和优化管理策略。

参与专业培训和进修也是教学管理人员更新专业知识的重要方式。通过系统学习和深造，可以全面提升管理人员的理论水平和实践能力。例如，可以参加教育管理专业的进修课程或学位项目，深入学习教育管理的前沿理论和方法，提高专业素养和学术水平。通过这样的系统学习，可以帮助管理人员从更高的视角理解和把握教育管理的规律和趋势。在线学习平台的广泛应用，也为教学管理人员提供了便利的学习途径。通过在线课程、网络研讨会、在线论坛等，可以随时随地获取最新的专业知识和信息。这种灵活的学习方式，不仅可以节省时间和成本，还可以根据个人需求和兴趣选择学习内容，提升学习的针对性和实效性。

通过参与实际的教育管理工作，如教学改革项目、教育质量评估、教师培训等，可以将所学理论与实践相结合，深化对专业知识的理解和掌握。在实践中总结经验，发现问题，不断反思和改进，是提高专业水平的重要途径。通过参加国际学术会议、交流访问、合作研究等，可以了解国外教育管理的先进经验和成功案例，借鉴其优秀做法。国际化的视野和思维，可以帮助管理人员更好地应对全球化背景下的教育挑战。为了确保专业知识的持续更新，学校还应建立完善的学习和培训机制。可以制定长期的培训计划，定期组织各类学习和培训活动，鼓励和支持管理人员参与外部的培训和进修。通过制度化的安排，确保管理人员的学习和发展有章可循，有序推进。

二、沟通与协调能力需求

教学管理人员需要具备出色的组织协调能力、领导能力和决策能力，以有效管理教学工作和团队，这是他们胜任岗位并推动学校发展的关键所在。首先，组织协调能力是教学管理工作的基础。教学管理人员需要协调各方资源，合理安排教学任务。这要求他们具备出色的计划和组织能力，能够高效整合教师、学生、课程、教室等各类资源，制定科学合理的教学计划和时间表，避免冲突和资源浪费。通过参加项目管理和时间管理等培训，可以显著提升他们的组织协调能力，使其能够更加有效地管理教学事务。领导力不仅体现在制定战略和决策上，还体现在日常的沟通和人际关系处理中。通过领导力开发培训，可以帮助教学管理人员了解不同的领导风格和技巧，提高他们在不同情境下的领导效能。例如，学习如何通过激励和授权来激发团队成员的潜力，如何通过有效沟通和反馈来增强团队成员的信任和合作，如何通过冲突管理和解决问题来维护团队的和谐和稳定等。

　　教学管理工作中经常会面临各种复杂的问题和挑战，管理人员需要具备迅速准确地做出决策的能力。通过决策能力培训，可以帮助他们掌握科学的决策方法和工具，如 SWOT 分析、决策树、成本效益分析等，提高其决策的科学性和准确性。此外，培训还可以帮助他们提升应对不确定性和风险的能力，增强在复杂环境下做出明智决策的信心和能力。项目管理培训可以帮助他们掌握项目规划、执行、监控和收尾等全过程管理的方法和技巧，提高项目管理的效率和效果。时间管理培训可以帮助他们合理安排工作时间，优先处理重要和紧急的任务，避免时间浪费和疲劳过度。领导力开发培训可以帮助他们了解不同的领导理论和实践，提升领导效能，增强团队凝聚力和执行力。决策能力培训可以帮助他们掌握科学的决策方法和工具，提高决策的科学性和准确性，增强应对不确定性和风险的能力。

　　教学管理人员的管理能力提升还需要通过实际工作中的锻炼和积累。管理人员可以通过参与重要项目、领导团队、解决实际问题等，不断提升自己的管理能力。通过实践中的不断反思和总结，管理人员可以更加深刻地理解管理理论和方法，并将其灵活应用到实际工作中。此外，学校还可以通过导师制、工作坊、案例分析等方式，提供更多的实践锻炼和学习机会，帮助管理人员不断提升管理效能。为了确保管理能力的持续提升，学校应建立完善的管理能力培训和评估机制。定期组织各类管理技能培训，确保管理人员能够及时学习和掌握最新的管理理论和方法。通过绩效评估和反馈，了解管理人员的管理能力现状和提升需求，制定个性化的培训计划和发展策略。通过系统的培训和持续评估，确保管理人员的管理能力不断提升，满足学校发展的需要。

三、教学质量监控能力需求

　　教学评估指标的制定是教学质量监控的基础。教学管理人员必须了解并掌握制定科学合理的评估指标的方法。这些指标应全面反映教学过程的各个方面，包括课程设计、教学内容、教学方法、教师表现和学生反馈等。通过科学评估指标，能够系统、客观地评估教学效果，为改进教学提供依据。教学管理人员需要掌握各种数据分析方法和技术，如统计分析、回归分析、因子分析等，通过对教学数据的深入分析，发现教学过程中的优势和问题。例如，通过对学生考试成绩、课堂表现和课后反馈的分析，可以了解教学内容的难易程度、教学方法的有效性以及学生的理解情况。这些数据分析结果不仅可以为教学改进提供科学依据，还可以帮助管理人员做出更准确的决策。

教学管理人员应熟悉各种教学评估方法，如课堂观察、学生评教、同伴互评、自我评估等。通过多种评估方法的结合，可以全面、客观地评估教师的教学效果和学生的学习效果。例如，通过课堂观察，可以了解教师的教学方法和学生的学习状态；通过学生评教，可以了解学生对课程的满意度和意见；通过同伴互评和自我评估，可以促进教师之间的学习和交流，提高教学水平。教学管理人员在掌握教学评估指标和数据分析方法的基础上，需要能够制定和实施有效改进措施。改进措施应针对评估中发现的问题，提出具体、可操作的解决方案。例如，对于教学内容的改进，可以通过更新教学大纲、引入最新的研究成果和教学资源；对于教学方法的改进，可以通过组织教师培训、引入新的教学模式和技术；对于教师的改进，可以通过加强教师的教学能力培养和激励机制，促进教师不断提升自己的教学水平。

培训内容应涵盖教学评估指标的制定、数据分析方法、评估方法和改进措施等方面。教学管理人员可以全面掌握教学质量监控和评估的理论和实践，提高其教学管理能力。例如，通过案例教学和实操演练，可以帮助管理人员了解和掌握实际工作中的问题和解决方法；通过专家讲座和研讨会，可以帮助管理人员了解最新的教学质量监控和评估理论和技术，提升其专业水平。教学管理人员应定期参加相关的培训和进修，不断更新自己的知识和技能。同时，应积极参与教学质量监控和评估的实际工作，通过实践积累经验，提升自己的工作能力。学校应为教学管理人员提供良好的学习和实践平台，支持和鼓励其不断提升自己的教学质量监控能力。

四、政策法规知识需求

教学管理人员需了解国家和地方教育政策法规，以确保管理工作的合法性和规范性。这不仅是学校正常运作的基础，也是教学管理人员履行职责的必要条件。教育政策法规的了解和掌握是确保管理工作的合法性的重要前提。教学管理人员需要清楚地了解国家和地方的教育法律法规，如《教育法》《高等教育法》等，通过这些法律法规的学习和理解，能够在管理工作中依法行事，避免法律风险和违规操作。教学管理工作涉及诸多环节和细节，每一项决策和操作都需要有法可依、有章可循。通过深入了解教育政策法规，管理人员可以规范学校的管理制度和操作流程。例如，关于教师的聘任和考核、学生的学籍管理和考勤、课程的设置和调整等，都有具体的法律法规和政策规定，管理人员需要在实际工作中严格遵守和执行。

政策法规知识的掌握还有助于提高教学管理人员的决策水平和执行能力。教育政策法规不仅规定了学校的基本管理原则和规范，还为管理人员提供了决策和执行的法律依据。通过学习和掌握教育政策法规，管理人员可以更好地理解和把握政策的精神和内涵，在决策和执行过程中做到有理有据、合规合法，提高管理工作的质量和效率。通过定期组织政策法规专题培训，可以及时传达最新的教育政策和法规，确保管理人员的知识与时俱进。例如，可以邀请法律专家和教育政策研究人员开展讲座和培训，详细解读最新的教育政策和法规，分析其对学校管理工作的影响和要求。此外，还可以通过案例分析和讨论，帮助管理人员深入理解和掌握政策法规的实际应用，提高其在具体工作中的运用能力。

政策法规培训的内容应包括国家和地方的教育法律法规、教育政策文件、学校管理规章制度等。通过全面系统学习和培训，教学管理人员可以全面了解和掌握教育政策法规的基本内容和具体要求，提高其政策法规知识的系统性和完整性。例如，培训内容可以包括《教育法》《高等教育法》《教师法》等法律法规的基本条款和具体规定，以及教育部和地方教育主管部门发布的各类政策文件和管理规定等。政策法规知识的更新和学习需要持续进行。教育政策和法规随着社会的发展和教育的改革不断更新和调整，教学管理人员需要不断学习和更新自己的知识，确保其政策法规知识的时效性和准确性。学校应建立政策法规学习和培训的长效机制，定期组织各类培训和学习活动，确保管理人员能够及时获取和掌握最新的政策法规信息。

在政策法规学习和培训过程中，还应注重实际操作和应用能力的培养。政策法规的学习不仅是为了掌握理论知识，更重要的是能够在实际工作中正确理解和运用。因此，应通过案例分析、模拟演练、实践操作等多种方式，帮助管理人员提高政策法规的实际应用能力。例如，通过模拟学校管理中的实际案例，分析和讨论如何根据政策法规的规定进行处理和决策，帮助管理人员在实际工作中做到依法依规、合理合法。政策法规知识的掌握和应用对于学校的长远发展具有重要意义。通过提高教学管理人员的政策法规知识和能力，能够有效保障学校的管理工作合法合规，提升学校的管理水平和教育质量。此外，还能够提高学校在教育领域的公信力和影响力，为学校的长远发展奠定坚实的基础。

五、信息技术应用能力需求

教学管理人员需要掌握各种现代教育技术和管理系统。为此，组织信息技术应用培训显得尤为重要。培训内容应涵盖教学管理系统的使用、数据处理软件、在线教育平台等方面，确保管理人员能够熟练应用这些技术工具，提升工作效能。教学管理系统的使用是教学管理人员必须掌握的基本技能。这些系统包括学籍管理、课程安排、成绩管理、教师考核等功能模块，能够显著提升管理工作的效率和准确性。例如，学籍管理系统可以实现学生信息的自动录入、更新和查询，减少了手工操作的错误，提高了数据的准确性。课程安排系统则能够根据教学计划和教师资源，自动生成课程表，优化教学资源配置，确保教学工作的有序进行。通过培训，管理人员能够熟练操作这些系统，提升整体管理水平。数据处理软件如 Excel、SPSS 等，可以帮助管理人员进行数据分析、统计和报告生成。例如，Excel 可以用于学生成绩统计、教师工作量计算、教学质量评估等，通过数据的整理和分析，发现教学管理中的问题和不足，提出改进措施。SPSS 等专业统计软件则可以用于更复杂的数据分析和研究，帮助管理人员进行科学决策。培训内容应包括这些数据处理软件的基本操作、常用功能和实际应用案例，帮助管理人员掌握数据处理和分析技能，提升数据应用能力。

随着在线教育的普及，越来越多的学校采用在线教育平台进行教学管理和课程安排。例如，在线教育平台可以实现课程资源的上传与共享、在线作业的布置与批改、学生学习进度的监控与反馈等功能，提高了教学管理的效率和互动性。通过培训，管理人员可以熟悉在线教育平台的操作流程和管理功能，提升在线教学管理的能力，确保在线教育的顺利进行。信息技术在教学管理中的应用还包括远程会议系统、电子邮件系统、教育资源管理系统等。这些技术工具能够实现跨地域、跨时间的高效沟通与协作。例如，远程会议系统可以实现跨校区、跨部门的实时交流与会议，减少了时间和空间的限制，提高了工作效率。电子邮件系统则可以实现信息的快速传递和共享，提升沟通效率。教育资源管理系统可以实现图书、实验室、教室等教育资源的统一管理与调配，提高资源利用率。通过培训，管理人员能够掌握这些信息技术工具的使用，提升日常工作的效率和质量。

在信息技术应用培训中，教学管理人员还需要学习网络安全和信息保护的基本知识。随着信息技术的广泛应用，网络安全和信息保护成为教学管理中的重要问题。例如，学籍信息、成绩数据等教育数据的安全保护，防止数据泄露和不正当使用，是管理人员必须关注的重点。通过培训，管理人员可以了解网络安全的基本原理和防护措施，掌握信息保护的技术和方法，确保教育数据的安全和保密。信息技术应用培训还应注重实际操作和应用案例的讲解。例如，通过模拟教学管理系统的操作，实际演练数据处理软件的应用，分析在线教育平台的管理案例，帮助管理人员在实践中掌握信息技术的应用技能。培训中还可以邀请经验丰富的管理人员和技术专家进行讲解和指导，分享实际工作中的应用经验和技巧，提高培训的实效性。

新技术、新工具不断涌现，管理人员需要不断学习和更新知识，掌握最新的技术应用。例如，定期组织培训和交流活动，及时介绍和推广最新的信息技术和管理工具，帮助管理人员保持技术应用的领先性。学校还可以通过建立学习和交流平台，促进管理人员之间的经验分享和互助学习，提高整体的信息技术应用水平。信息技术应用能力的提升，不仅可以提高教学管理人员的工作效率，还可以促进教学管理的现代化和智能化。例如，实现教学管理的自动化、数据化、智能化，提高管理工作的科学性和精准性，提升教学质量和管理水平。信息技术的广泛应用，还可以促进学校的教育改革和创新，推动教育事业的发展和进步。

六、学生管理与服务能力需求

教学管理人员需要具备良好的学生管理和服务能力，以支持学生的学习和发展。这是确保学校教学秩序和教育质量的重要环节。随着社会竞争压力的增大，学生的心理健康问题日益凸显。管理人员需要掌握基本的心理健康知识和技能，能够及时发现学生的心理问题并提供必要的支持和帮助。通过系统的心理健康培训，学习如何识别和应对学生的心理危机，如何开展心理辅导和干预，能够有效提升其在学生心理健康管理方面的能力。教学管理人员需要熟悉学籍管理的各项政策和程序，能够准确处理学生的入学、转学、休学、复学、毕业等各类学籍事务。通过学籍管理培训，学习如何使用学籍管理系统，如何处理学籍异动和档案管理等具体问题，可以提高其学籍管理的规范性和效率。例如，学习如何建立和维护学生学籍档案，如何处理学生的转学和复学申请，如何进行学籍信息的统计和分析等，这些技能的掌握能够确保学籍管理工作的顺利进行。

学生事务处理是学生管理中的日常工作，涉及学生的方方面面。教学管理人员需要具备处理各种学生事务的能力，如奖学金评定、违纪处理、就业指导等。通过学生事务处理培训，学习如何处理和解决学生在学习和生活中遇到的各种问题，如何提供高效和优质的学生服务，可以提升其学生事务处理的能力和水平。例如，学习如何进行奖学金的评定和发放，如何处理学生的违纪行为，如何提供就业指导和职业规划服务等，通过这些培训可以帮助管理人员更好地服务学生，支持其全面发展。学生管理与服务能力的提升还需要通过实际工作中的锻炼和积累。管理人员可以通过参与学生管理的各类工作和项目，不断提升自己的管理和服务能力。例如，通过参与学生心理健康教育和辅导项目，提升心理健康管理能力；通过参与学籍管理系统的开发和维护，提升学籍管理能力；通过参与学生事务处理和服务项目，提升学生事务处理能力等。实际工作中的锻炼和实践，对于提升学生管理与服务能力具有重要作用。

学校应建立系统的学生管理与服务培训机制，确保教学管理人员能够及时学习和掌握最新的学生管理与服务知识和技能。例如，可以通过邀请心理健康专家、学籍管理专家和学生事务管理专家进行专题讲座和培训，帮助管理人员深入理解和掌握学生管理与服务的理论和实践，提高其工作水平和服务质量。学生管理与服务能力的提升还需要结合学校的实际情况和具体需求。教学管理人员在学习和应用学生管理与服务知识和技能时，需要根据学校的实际情况和学生的具体需求，选择和应用合适的管理和服务方法。例如，对于心理健康管理，可以选择适合的心理辅导和干预方法；对于学籍管理，可以选择适合的学籍管理系统和流程；对于学生事务处理，可以选择合适的处理和服务方式。通过结合实际需求，科学合理地选择和应用学生管理与服务方法，可以更好地提升管理工作的效率和效果。

为了确保学生管理与服务的高效进行，学校应建立完善的管理和服务制度和流程。通过制度和流程的规范化和标准化，可以确保学生管理与服务工作的有序进行。例如，制定和完善学生心理健康管理制度，建立心理辅导和干预的标准流程；制定和完善学籍管理制度，规范学籍信息的管理和处理流程；制定和完善学生事务处理制度，明确各类学生事务的处理和服务标准等。

七、科研管理能力需求

许多教学管理人员还承担科研管理职责，需要掌握科研项目管理的相关知识和技能，这是确保科研工作顺利开展和取得成果的关键。教学管理人员需要了解各类科研项目的申报流程和要求，掌握撰写科研项目申请书的技巧。通过科研项目申报培训，学习如何选择合适的项目类别和主题，如何撰写高质量的项目申请书，如何准备项目预算和工作计划等，可以显著提升其项目申报成功率。科研项目的顺利实施离不开合理的经费管理。教学管理人员需要掌握经费管理的基本原则和方法，了解如何编制科研经费预算，如何合理使用和管理科研经费，如何进行经费报销和审计等。通过科研经费管理培训，学习如何制定和执行经费预算，如何进行财务监督和控制，如何确保经费的合理和合法使用，可以提高其科研经费管理水平，确保科研项目的顺利实施和资金的高效使用。

教学管理人员需要了解科研成果评估的标准和方法，掌握如何进行科研成果的评价和推广。通过科研成果评估培训，学习如何制定科研成果评价指标，如何进行成果的学术评审和社会评价，如何进行成果的推广和应用等，可以提高其科研成果评估和管理能力。例如，了解如何评价科研论文的质量和影响力，如何评估科研项目的实际应用价值，如何进行成果的知识产权保护和转化等，这些技能的掌握能够帮助管理人员有效推动科研成果的应用和推广，提升科研工作的社会影响力和价值。管理人员可以通过参与各类科研项目的管理和实施，不断提升自己的科研管理能力。例如，通过参与科研项目的申报和评审，提升项目申报和评估能力；通过参与科研经费的管理和使用，提升经费管理和财务控制能力；通过参与科研成果的评价和推广，提升成果评估和应用能力等。

为了确保科研管理能力的持续提升，学校应建立系统的科研管理培训机制。定期组织各类科研管理培训和学习活动，确保教学管理人员能够及时学习和掌握最新的科研管理知识和技能。例如，可以通过邀请科研管理专家和资深科研工作者进行专题讲座和培训，帮助管理人员深入理解和掌握科研管理的理论和实践，提高其工作水平和管理能力。教学管理人员在学习和应用科研管理知识和技能时，需要根据学校的科研重点和发展战略。例如，对于基础研究项目，可以选择适合的科研管理方法和评估标准；对于应用研究项目，可以选择适合的成果转化和推广模式；对于跨学科和国际合作项目，可以选择合适的项目管理和协调机制。

为了确保科研管理工作的高效进行，学校应建立完善的科研管理制度和流程。例如，制定和完善科研项目申报和评审制度，建立项目申请和评审的标准流程；制定和完善科研经费管理制度，规范经费使用和管理流程；制定和完善科研成果评估和推广制度，明确成果评价和推广的标准和程序等。

第二节 高等学校教学管理人员的培训内容

一、教育政策与法规

教育政策与法规是高等学校教学管理人员培训的重要内容。这不仅包括国家和地方最新的教育政策，还涵盖教育改革、教育公平和质量提升的具体政策。首先，国家和地方教育政策的理解是基础。教学管理人员需要全面了解当前的教育政策，以便在具体的教育管理过程中贯彻落实。这些政策包括但不限于提高教育质量、促进教育公平、支持教育创新等方面的内容。在掌握国家和地方教育政策的基础上，深入理解教育改革的意义和方向尤为重要。教育改革是提高教育质量、适应社会需求的重要手段。通过教育改革可以不断优化教育资源配置，提高教育的整体效益。同时，教育公平也是教育政策中的重要组成部分。公平的教育资源分配和机会均等是实现社会公平的重要途径。教学管理人员需要在日常工作中关注和推动教育公平政策的实施，确保每个学生都能享有平等的教育机会。

提高教育质量不仅是教育政策的要求，也是社会对高等教育的基本期望。教学管理人员应当通过培训，掌握提升教育质量的具体措施和方法，从而在实际工作中有效地推动教育质量的提升。这包括课程设置、教学方法、教学评估等方面的内容。在理解和掌握教育政策的过程中，了解有关高等教育的法律法规也是不可或缺的一部分。包括《教育法》《高等教育法》《教师法》等法律法规，这些都是高等教育管理的法律基础。通过系统学习这些法律法规，教学管理人员可以在教育管理实践中依法办事，确保各项教育活动的合法性和规范性。《教育法》作为教育领域的基本法律，规定了教育的基本原则和要求。《高等教育法》则针对高等教育的特点，进一步细化了高等教育的管理和运行机制。《教师法》明确了教师的权利和义务，为教师的职业发展提供了法律保障。

除了国内的教育政策和法律法规，了解国际上先进的教育政策和管理经验也非常重要。通过对比研究，教学管理人员可以借鉴国外的先进经验，推动本地教育管理的创新和发展。国际上许多国家在教育政策和管理方面有着成功的经验，如芬兰的基础教育改革、美国的高等教育质量评估体系等，这些都可以为本地教育管理提供有益的参考。通过学习国际上的先进经验，可以促进本地教育管理的国际化视野，提高教育管理的整体水平。教学管理人员不仅要学习和理解政策和法律的具体内容，还需要将其转化为实际操作中的管理策略。这就要求他们具备较强的政策解读能力和实际应用能力。通过培训，可以提升他们在这方面的综合素质，使他们能够在教育管理中灵活运用政策和法律。

二、教学领导力与团队管理

教学领导力与团队管理是高等学校教学管理人员培训的核心环节。培养教学管理人员的领导力至关重要。领导力不仅体现在个人的能力和魅力上，更体现在能够有效带领团队实现教学目标的能力上。教学管理人员需要具备战略思维，能够为教学团队制定明确的目标和方向，带领团队成员朝着共同的目标努力。在提升领导能力的过程中，管理人员还需要不断提高自己的影响力。这不仅包括个人的专业素养和学术水平，还包括在人际交往中建立的信任和尊重。通过自身的榜样作用，教学管理人员可以激发团队成员的积极性和创造力，形成良好的团队氛围。同时，管理人员需要学会授权，给予团队成员更多的自主权和责任感，从而提高团队的整体效率和工作质量。

除了领导力的培养，团队建设和管理的方法也是教学管理人员需要重点掌握的内容。团队建设是提高教学团队协作效率和凝聚力的基础。通过有效的团队建设，管理人员可以促进团队成员之间的合作与沟通，形成强大的团队凝聚力。具体的方法包括制定清晰的团队目标，建立科学的团队制度，开展丰富的团队活动等。通过这些方法，团队成员可以增强对团队的认同感和归属感，提高团队的整体战斗力。管理团队的过程中，教学管理人员还需要掌握科学的管理方法。科学的管理方法可以帮助管理人员更有效地分配资源，提升团队的工作效率。这包括任务分配、进度控制、绩效评估等方面的内容。管理人员可以不断优化管理流程，提高管理的科学性和有效性。

在团队管理中，冲突管理和沟通技巧也是管理人员需要重点掌握的技能。教学团队中由于成员背景、性格和工作方式的不同，难免会出现各种冲突。管理人员需要学会识别冲突的根源，并采取有效的措施进行处理。冲突管理的方法包括沟通协调、谈判调解、心理辅导等。管理人员可以有效地化解团队内部的矛盾，维护团队的和谐与稳定。良好的沟通可以促进信息的传递和交流，提高团队的工作效率和协作能力。管理人员需要掌握多种沟通技巧，包括倾听、反馈、表达等。管理人员可以及时了解团队成员的需求和意见，增强团队成员的参与感和责任感。同时，管理人员还需要学会跨文化沟通，特别是在国际化程度较高的高等教育环境中。跨文化沟通的技巧可以帮助管理人员更好地与来自不同文化背景的团队成员进行交流，促进团队的多样性和包容性。

管理人员需要不断更新自己的知识和技能，适应快速变化的教育环境。通过参加培训、研讨会和实地考察等方式，管理人员可以不断提升自己的领导力和管理水平。同时，管理人员还可以通过阅读相关书籍和文献，学习先进的管理理论和方法，丰富自己的管理经验和视野。

三、学生管理与服务

学习学生管理的基本理论是提高管理水平的基础。学生心理学和教育心理学是管理人员需要掌握的核心理论。学生心理学帮助管理人员了解学生的心理发展特点、心理需求和行为动机，从而能够针对不同学生采取有针对性的管理措施。教育心理学则提供了关于学生学习过程和学习行为的理论基础，帮助管理人员理解和优化教学过程。在掌握基本理论的基础上，建立和完善学生服务和支持体系是提升学生满意度和归属感的关键。一个完善的学生服务体系应包括学术支持、心理辅导、生活服务、职业指导等多方面的内容。通过建立学术支持中心，提供学习辅导、学习资源和学术咨询，可以帮助学生更好地应对学术挑战，提升学习效果。心理辅导服务则通过提供心理咨询和心理健康教育，帮助学生应对心理问题和压力，促进其心理健康发展。生活服务方面，学校应提供便利的生活设施和服务，如宿舍管理、食堂服务、医疗服务等，以保障学生的日常生活需求。职业指导方面，学校应建立职业发展中心，提供职业规划、就业指导和实习机会，帮助学生顺利过渡到职业生涯。

了解如何指导学生进行职业规划，是提升学生就业能力和职业发展的重要途径。职业规划指导不仅包括帮助学生了解自己的兴趣、能力和职业目标，还包括提供职业信息、职业咨询和职业技能培训。通过职业兴趣测评和职业能力评估，帮助学生明确自己的职业方向，并制定切实可行的职业发展计划。同时，学校应定期举办职业规划讲座、就业指导讲座和职业技能培训，提升学生的职业意识和职业技能。此外，学校还应积极与企业合作，提供实习和实践机会，使学生在实际工作中积累经验，提升就业竞争力。在学生管理与服务中，管理人员还需要重视学生的全面发展。除了学术和职业发展外，学生的道德品质、社会责任感和综合素质也是重要的培养目标。学校应通过开展各种形式的社会实践、志愿服务和课外活动，培养学生的社会责任感和团队合作精神。同时，通过开设人文素质课程、举办文化艺术活动，提升学生的综合素质和人文素养。

在具体实施过程中，管理人员需要不断总结和反思，优化学生管理与服务的策略和方法。通过定期开展学生满意度调查和需求分析，及时了解学生的意见和建议，改进服务内容和方式。同时，管理人员还应注重自身专业素质的提升，通过参加培训、研讨会和学习先进经验，不断提高管理水平和服务能力。学生管理与服务的成效不仅体现在学生的满意度和归属感上，更体现在学生的全面发展和成长中。通过系统的管理和服务，学生可以在学术、心理、生活和职业等方面得到全方位支持和帮助，从而更好地应对学习和生活中的各种挑战，顺利实现个人的学业和职业目标。

第三节　高等学校教学管理人员的培训方式

一、专题讲座与研讨会

邀请教育领域的专家学者进行专题讲座，是一种非常有效的知识传递方式。专家学者凭借其丰富的理论知识和实践经验，能够深入浅出地讲解最新的教育政策、管理理论和实际操作技巧，帮助管理人员在短时间内快速掌握新知识，拓宽其视野。这些讲座不仅传递了前沿的信息和趋势，还能为管理人员提供具体的实践指导，帮助他们在日常工作中更好地应对挑战。在这些专题讲座中，管理人员可以系统地学习最新的教育政策，了解国家和地方政府在教育领域的新举措和新要求。这些政策不仅涉及教育改革和发展，也涵盖了教育公平和质量提升等方面的内容。通过对这些政策的深入理解，管理人员能够更好地将其应用到实际的教育管理工作中，提高管理效能。此外，专家学者还会分享他们在教育管理领域的最新研究成果和实践经验，这些宝贵的知识和经验可以为管理人员提供有益的借鉴和启示，帮助他们不断改进管理方式，提升管理水平。

与专题讲座相辅相成的，是各种形式的研讨会。组织管理人员参加各类研讨会，围绕教育管理中的热点和难点问题进行讨论和交流，是另一种重要的培训方式。在研讨会上，管理人员可以就当前教育管理中遇到的实际问题进行深入探讨，分享各自的经验和观点。这种互动交流不仅有助于解决实际问题，还能激发管理人员的创新思维，促进思想的碰撞和融合，从而产生新的管理理念和方法。研讨会的一个显著优势在于其互动性和参与性。与专题讲座不同，研讨会更多地强调参与者之间的互动和交流。在这种氛围中，管理人员可以畅所欲言，提出自己的困惑和见解，并通过与同行和专家的讨论，寻找到解决问题的思路和方法。这种开放式的交流平台，有助于管理人员不断反思和改进自己的工作，提升其问题解决能力和创新能力。

研讨会还为管理人员提供了一个了解其他学校和教育机构管理经验的机会。管理人员可以接触到来自不同背景和领域的同行，了解他们在教育管理方面的成功经验和创新做法。这种跨机构、跨领域的交流，有助于管理人员开阔视野，学习和借鉴其他机构的优秀做法，进一步完善和优化本校的管理工作。在专题讲座和研讨会中，管理人员不仅是知识的接受者，也是经验的分享者和问题的探讨者。他们可以通过与专家学者的互动，获取最新的理论知识和实践经验；通过与同行的交流，分享各自的管理经验和心得体会。这种双向的互动和交流，不仅提升了管理人员的专业素养和管理能力，也增强了他们在教育管理工作中的信心和责任感。

二、案例分析与实践训练

通过深入分析典型的教育管理案例，管理人员可以更好地了解和解决实际工作中可能遇到的问题，从而提升其问题解决能力。案例分析作为一种教学方法，不仅可以帮助管理人员掌握理论知识，还能让他们在真实情境中应用这些知识，提升综合管理水平。在案例分析过程中，管理人员需要对具体的教育管理问题进行深入探讨和分析。这些问题可能涉及教学质量提升、学生管理、资源配置、教师培训等多个方面。通过对案例的详细研究，管理人员可以了解问题的根源，分析问题产生的背景和原因，并提出相应的解决方案。这样的过程，不仅有助于管理人员系统地掌握问题解决的步骤和方法，还能培养他们的逻辑思维和分析能力。

通过对真实案例的分析，管理人员可以看到理论在实际工作中的应用情况，了解实际操作中的困难和挑战。这种基于实际问题的学习方式，能够增强管理人员对复杂问题的应对能力，使他们在今后的工作中能够更加从容地面对各种挑战。通过开展模拟实训活动，管理人员可以在模拟环境中进行角色扮演和实践操作，体验真实的管理场景。这种训练方式，不仅可以提高他们的操作技能，还能增强其决策能力和应变能力。在模拟实训中，管理人员可以扮演不同的角色，如校长、系主任、学生事务主管等，从多个角度体验管理工作的复杂性和多样性。这种角色扮演活动，不仅能够帮助他们更好地理解不同岗位的职责和要求，还能提升他们的团队协作和沟通能力。

在真实环境中，管理决策往往伴随着一定的风险，而在模拟环境中，管理人员可以放心地尝试不同的解决方案，探索最佳的处理方法。这种无风险的实践训练，有助于他们积累经验，提高决策的准确性和有效性。同时，模拟实训还可以通过反馈机制，帮助管理人员及时了解自身的不足，并进行针对性改进。情景模拟通过构建逼真的管理情境，让管理人员在模拟的环境中进行决策和处理问题。通过这种方式，他们可以在实践中检验自己的管理能力，发现问题并及时调整。实际操作则侧重于具体技能的训练，如教学质量评估、学生心理辅导、资源调配等。通过实际操作训练，管理人员可以掌握具体的操作流程和技巧，提高实际工作的效率和质量。

案例分析与实践训练的有机结合，可以提升管理人员的综合素质。在案例分析中，管理人员通过理论学习和问题分析，掌握了丰富的知识和方法。而在实践训练中，他们通过角色扮演和实际操作，将这些知识和方法应用到具体的管理工作中，从而真正实现理论与实践的结合。这样的培训方式，不仅能够提升管理人员的专业能力，还能增强其实践经验，使他们在面对实际工作中的各种挑战时，能够更加得心应手。

三、在线学习与网络课程

在线学习与网络课程在高等学校教学管理人员的培训中具有重要意义。通过提供高质量的在线课程和学习资源，管理人员可以在灵活的时间和进度安排下进行自主学习，不受地域和时间的限制，极大地增强了其学习的便利性和参与度。虚拟学习平台的出现，为教育培训带来了革命性的变化。管理人员可以通过这些平台获取丰富的教育资源，包括视频课程、电子书籍、在线讲座等，这些资源不仅覆盖了教育管理的各个领域，还包含了最新的管理理论和实践经验。例如，他们可以学习到最新的教育政策解读，了解国内外教育管理的前沿动态，从而为自己的管理实践提供理论支持和指导。

在虚拟课堂技术的支持下，远程教育和互动教学成为可能。管理人员可以参与虚拟讲座、在线讨论和网络研讨会，与全球各地的专家学者进行交流和互动。这种跨时空的学习方式，不仅打破了地域限制，还促进了不同背景、不同经验的管理人员之间的思想碰撞和经验分享。通过这种多样化的学习和交流，管理人员可以拓宽自己的学术视野，吸收来自不同文化背景的管理智慧，进一步提升自己的管理水平和领导能力。在线学习和网络课程的另一个重要优势在于其灵活性和个性化学习的特点。管理人员可以根据自己的需求和兴趣选择适合的学习内容和学习方式，自主安排学习进度和学习时间。这种个性化的学习模式，有助于管理人员在工作繁忙的同时保持学习的连续性和高效性，充分利用碎片化的学习时间，提升学习效果和成果的实现。

虚拟学习平台的使用还能够提升管理人员的信息技术能力和数字素养。在参与在线学习的过程中，他们不仅学习到教育管理的专业知识，还掌握了使用和应用信息技术的技能，如电子资源检索、在线协作工具的应用等。这些技能的掌握，不仅有助于提升他们在管理实践中的工作效率，还能够为高等教育的信息化建设和智能化管理提供技术支持和保障。在线学习和网络课程作为一种现代化的教育培训方式，正在逐步成为高等学校教学管理人员必备的学习工具和能力。通过充分利用这些平台和资源，管理人员不仅能够不断提升自己的专业素养和管理能力，还能够与全球范围内的教育管理者和专家建立起广泛的学术交流和合作网络，共同推动教育管理的创新和发展。

四、工作坊与小组讨论

工作坊与小组讨论是高等学校教学管理人员培训中一种高效而实用的教学方法。通过组织小型工作坊，专注于具体的管理问题和技能进行集中培训和实践，能够有效地提升管理人员的实际操作能力和问题解决能力。工作坊通常以小组形式展开，参与者围绕特定的教育管理主题展开讨论和互动学习。这种集中式的培训形式，不仅能够使管理人员在一个短时间内深入了解和掌握特定的管理技能，还能够通过动手操作和实践练习，增强他们在实际工作中应对复杂情况的能力。

在工作坊中，管理人员可以通过模拟情境、角色扮演和案例分析等方式，深入探讨和分析实际工作中可能遇到的管理问题。例如，他们可以模拟学生管理中的紧急事件处理，团队协作中的冲突解决，教学评估中的数据分析等。这种实战模拟的学习方式，使管理人员能够在相对安全的环境中进行试错和改进，从而提升其在实际工作中的应对能力和反应速度。通过分组进行讨论和交流，管理人员可以分享自己的管理实践经验和思考，同时倾听和学习其他人的见解和观点。这种相互学习和经验分享的过程，不仅有助于扩展管理人员的视野和思维广度，还能够加强团队内部的凝聚力和合作精神。通过与同事们的互动和讨论，管理人员可以共同探讨解决问题的方法和策略，形成集体智慧，为学校管理的创新和发展提供有力支持。

工作坊还能够促进管理人员的自主学习和持续发展。在工作坊结束后，管理人员可以根据自己的学习需求和兴趣选择进一步的学习方向和深化学习内容，通过个性化的学习路径和持续的学习计划，不断提升自己的专业素养和管理能力。这种自主学习的模式，有助于管理人员在工作中保持学习的动力和热情，持续追求个人和团队的成长与进步。

五、参观考察与学习交流

通过组织管理人员到国内外知名高校和教育机构参观学习，可以为他们提供直观的学习体验和深入的管理启发。这种实地考察不仅能够让管理人员直接感受到先进的管理模式和经验，还能够借鉴和学习优秀的管理实践，为自己的管理工作带来新的思路和方法。参观国内外知名高校和教育机构，管理人员可以深入了解不同地区、不同类型高校的管理特色和创新举措。例如，他们可以观摩到先进的教学技术应用、创新的教育管理模式，甚至参与到教学课程设计、教师培训和学生发展计划等方面的实际运作中。这种亲身体验和实地学习，不仅能够拓宽管理人员的视野，还能够帮助他们在实际工作中应对复杂的管理挑战，提升管理效率和工作质量。

通过邀请其他高校的管理人员进行经验分享和互动交流，可以实现跨学科、跨地域的管理智慧共享。在这些交流活动中，管理人员不仅可以分享自己的管理实践和成功经验，还能够借鉴他人的创新理念和管理策略。这种跨界交流和学习合作，有助于形成一个开放、包容的管理学习社群，促进管理理念的跨界融合和创新发展。参观考察与学习交流的另一个重要作用在于促进教育管理的国际化视野和全球化思维。随着全球化进程的加快，高等教育管理越来越需要面对国际化和多样化的挑战和机遇。通过参观国际知名高校和教育机构，管理人员不仅可以了解国际先进的管理经验和理念，还能够建立起跨国合作和交流的桥梁，推动学术资源的跨境共享和人才的国际化培养。

第五章 高等学校教学管理队伍的激励机制

第一节 高等学校教学管理队伍激励的理论基础

一、马斯洛的需求层次理论

马斯洛的需求层次理论是现代管理学和心理学的重要基础之一，它将人类需求分为五个层次：生理、安全、社交、尊重和自我实现。应用于教学管理的激励机制，必须充分考虑不同层次需求的多样性和复杂性，以便更有效地激发教师和管理人员的积极性和创造力。生理需求是人类最基本的需求，包括食物、水、住所和其他基本生存条件。确保教师和管理人员的基本生活条件是激励的首要任务。例如，提供合理的薪资、良好的工作环境和健康的工作时间安排，能够使他们感到安心，从而专注于教育教学工作。此外，学校还可以通过提供伙食补贴、交通补贴等方式，进一步满足其生理需求，提高他们的工作满意度。

学校应当营造一个安全、稳定的工作环境，保障教师和管理人员的职业安全和心理安全。例如，建立完善的劳动合同制度和职业保障体系，确保教师有稳定的工作岗位和职业发展前景。此外，学校还应关注教师的心理健康，提供心理咨询服务，帮助其应对职业压力和生活中的困扰，增强其归属感和安全感。社交需求是指个体对友谊、爱情、家庭等社会关系的需求。学校应当重视教师之间的合作与交流，营造和谐的团队氛围。例如，组织教师团队建设活动、学术交流会和社交活动，促进教师之间的相互理解与支持。同时，学校还应鼓励教师参与到社区活动中，拓展其社会交往圈，满足其社交需求，增强其工作的幸福感和满足感。

尊重需求指的是个人对自尊和他人尊重的追求。学校应当尊重教师的专业能力和教学成就，给予其应有的认可和尊重。例如，建立公平公正的评价体系和奖励机制，及时表彰优秀教师和管理人员，激发其职业荣誉感和成就感。此外，学校还应鼓励教师参与学术研究和教育创新，支持其个人发展和职业进步，增强其自信心和职业满足感。自我实现需求是人类最高层次的需求，指的是个体实现自身潜能和价值的追求。学校应当为教师提供充分的发展机会和平台，支持其自我实现。例如，鼓励教师参加继续教育和培训课程，不断提升其专业水平和教学能力。此外，学校还应支持教师参与教育科研和教学改革，鼓励其探索和创新，激发其创造力和自我实现的动力。

二、赫茨伯格的双因素理论

赫茨伯格的双因素理论在管理学中具有重要的应用价值，特别是在教学管理激励方面更是如此。这一理论将工作因素区分为能够提升工作满意度的激励因素和导致工作不满意的保健因素，明确了提高教学管理队伍积极性和满意度的路径。赫茨伯格的理论指出，成就是提升工作满意度的重要因素。学校应当为教师和管理人员提供明确的目标和实现目标的机会。例如，学校可以设立各种教学和管理奖项，表彰在教学、科研和管理工作中表现突出的人员。同时，学校还应为教师提供参与重大项目和学术研究的机会，使他们能够通过自己的努力获得成就感，从而提升工作满意度。

学校应当建立有效的认可和奖励机制，及时表扬和奖励在工作中表现优秀的教师和管理人员。例如，可以通过年度评优、授予荣誉称号等方式，公开表彰优秀教师，增强其职业荣誉感和自豪感。此外，学校领导应当经常与教师和管理人员进行沟通，肯定他们的工作成绩和努力，给予他们充分的认可和支持，提升其工作积极性。学校应当努力提升教学和管理工作的趣味性和挑战性。例如，可以通过丰富课程内容、引入新的教学方法和技术，增加教学工作的创新性和多样性，使教师能够在工作中感受到挑战和乐趣。同时，学校还应鼓励教师参与到教学改革和教育创新中，使他们能够在工作中发挥自己的专业特长和创造力。

虽然薪酬本身无法提高工作满意度，但合理的薪酬制度可以有效降低工作不满意度。学校应当建立公平、合理的薪酬体系，根据教师的工作表现和贡献，给予相应的薪酬和福利待遇。此外，学校还应关注教师的职业发展，提供晋升机会和职业规划支持，使教师能够看到自己的职业前景，从而减少工作不满意度。学校应当为教师和管理人员提供良好的工作环境和工作条件。例如，改善教学设施和办公环境，提供舒适的工作空间和充足的教学资源，使教师能够在良好的环境中工作。同时，学校还应关注教师的工作负担，合理安排工作任务，避免过度的工作压力，提升工作满意度。学校应当制定科学、合理的管理政策，确保政策的透明、公正和可操作性。例如，建立健全的绩效考核制度和晋升机制，确保每位教师和管理人员都能够公平地享受政策的待遇。此外，学校还应鼓励教师参与到管理决策中，使其感受到自己的意见和建议能够得到重视。

三、公平理论

公平理论在管理学中占据重要地位，尤其在教学管理激励方面具有显著的指导意义。该理论强调，员工期望其付出与回报成正比，若激励制度不公平，则会引发员工不满和动摇。因此，建立公正的激励评价标准和机制，确保激励制度的公平性和透明度，是教学管理中至关重要的一环。建立公正的激励评价标准是确保公平的基础。学校应根据教师和管理人员的具体工作内容、职责和工作量，制定明确的评价标准。例如，对于教师来说，评价标准可以包括教学质量、科研成果、学生反馈、教学创新等方面。对于管理人员，则可以包括工作效率、管理效果、团队建设等方面。通过细化和量化这些标准，可以确保评价的客观性和公正性，避免因评价标准模糊而引发的不公平感。

学校应当建立透明的激励制度，使每位教师和管理人员都能够清楚了解激励的标准和程序。例如，学校可以定期公布绩效考核结果和激励分配情况，确保每位员工都能看到激励的公正性和合理性。此外，学校还应建立申诉机制，允许员工对激励结果提出异议和申诉，通过公平的程序处理这些异议，进一步增强激励制度的透明度和公正性。激励制度应注重激励的多样性和个性化。不同教师和管理人员在工作内容和职业发展阶段上存在差异，其需求和期望也各不相同。因此，学校应当根据员工的具体情况，提供多样化的激励措施。例如，对于年轻教师，可以通过提供培训机会、晋升空间等方式激励其成长；对于资深教师，则可以通过提高薪酬、授予荣誉称号等方式激励其继续贡献。此外，学校还应关注不同部门和岗位的差异，制定适应性强的激励措施，确保每位员工都能感受到公平和关怀。

学校应当建立有效的反馈机制，定期收集教师和管理人员对激励制度的意见和建议。例如，通过问卷调查、座谈会等形式，了解员工对激励制度的满意度和期望，及时调整和优化激励措施。此外，学校还应鼓励员工积极参与激励制度的制定和完善，从而增强对激励制度的认同感和信任感。学校领导应当以身作则，公正、透明地执行激励制度，避免因个人偏好和关系而影响激励的公正性。例如，学校领导在进行绩效考核和激励分配时，应严格按照既定标准和程序进行，避免因个人关系而对某些员工进行特殊对待。此外，学校还应加强对领导干部的培训和监督，提高其公正执行激励制度的意识和能力，确保激励制度的公平性和公正性。

四、 VIE 理论（期望—仪器—价值理论）

VIE 理论，即期望—仪器—价值理论，由心理学家维克托·弗鲁姆提出，强调个体在采取行动前会评估预期结果、达成目标的手段和行动的价值。在教学管理激励中，应用 VIE 理论有助于更科学地设计激励机制，从而激发教学管理队伍的积极性和创新能力。明确的目标可以为教师和管理人员提供明确的方向和努力的动力。例如，学校可以制定具体的教学目标，如提高学生的考试成绩、促进学生的全面发展等，并将这些目标细化为可操作的年度或季度目标。此外，学校还应确保这些目标具有可测量性和可实现性，使教师和管理人员能够清楚地看到自己的努力和进步，增强其工作动力。

教师和管理人员需要充分的资源和支持来实现既定目标。例如，学校应当提供充足的教学资源，如现代化的教学设备、丰富的教学材料和先进的教学软件等，帮助教师更好地开展教学工作。同时，学校还应提供专业的发展机会，如培训课程、学术交流和科研项目，提升教师的专业素质和教学能力。此外，管理人员也需要得到相应的管理工具和培训，以提高其管理效率和决策能力。

激励措施应当与教师和管理人员的期望和价值观相一致。例如，学校可以通过提供竞争力的薪酬和福利待遇，满足教师的经济需求，提升其工作满意度和归属感。此外，学校还应注重精神激励，如表彰优秀教师、颁发荣誉称号和奖励证书等，增强教师的职业荣誉感和成就感。同时，学校还可以设立专项激励基金，支持教师参与科研项目和教学创新，鼓励其不断探索和进步。

不同教师和管理人员在工作内容、职业阶段和个人需求上存在差异，其激励需求也各不相同。因此，学校应当根据个体差异，制定多样化和个性化的激励措施。例如，可以通过提供职业发展规划和晋升机会，帮助其快速成长。此外，学校还应关注不同岗位和部门的差异，提供适应性强的激励措施，确保每位员工都能感受到激励的公平和有效。学校应当建立定期的反馈机制，收集教师和管理人员对激励措施的意见和建议。

五、认知评估理论

认知评估理论在管理学和心理学中具有重要地位，强调个体对工作结果和激励反应的主观认知。对于教学管理激励而言，关注个体对工作表现和激励因素的认知过程，是提升教师和管理人员工作动机和自我管理能力的关键。教师和管理人员在工作过程中需要不断了解自己的工作表现，以便调整和改进。通过多种形式如课堂观察、教学评估和学生反馈等，及时向教师传递其工作表现的信息。例如，定期组织教学评估会议，向教师反馈其教学效果和学生评价，并提出具体改进建议。教师能够清楚地了解自己的优势和不足，从而不断提升教学水平和工作效率。

不同教师和管理人员对激励因素的认知和反应各不相同，因此，学校应当根据个体差异设计多样化的激励措施。例如，对于一些教师来说，经济激励如奖金和薪酬提升可能更具吸引力；而对于另一些教师来说，精神激励如荣誉称号和职业发展机会可能更为重要。通过了解每位教师的需求和期望，学校可以有针对性地提供激励措施，增强激励效果。增强教师和管理人员的自我管理能力是提升工作动机的重要途径。自我管理能力强的个体能够更好地规划和调整自己的工作，从而提高工作效率和满意度。学校应当提供相关培训和支持，帮助教师和管理人员提升自我管理能力。例如，开展时间管理、目标设定和压力管理等方面的培训课程，帮助教师合理规划工作时间和任务。此外，学校还可以提供专业的发展机会和资源，支持教师进行职业规划和自我提升，增强其自我管理能力和职业成就感。

学校应当确保反馈的具体性、建设性和及时性。例如，在向教师反馈教学表现时，不仅要指出存在的问题，还应提出具体的改进建议和支持措施。同时，反馈应当及时进行，避免拖延，使教师能够在问题发生后及时进行调整和改进。教师能够在工作过程中不断调整和优化自己的教学方法和策略，从而提升教学效果和学生满意度。认知评估理论还强调个体对激励措施的长期认知和反应。学校应当注重激励措施的持续性和长期效果，避免短期激励带来的暂时性激励效果。例如，学校可以通过设立长期激励计划，如职业发展路径、学术研究支持和长期绩效奖励等，增强教师的职业稳定性和发展动力。此外，学校还应关注教师的心理需求，提供心理支持和关怀，增强其职业幸福感和归属感。领导的支持和参与是确保认知评估和激励效果的重要因素。学校领导应当积极参与到教师和管理人员的认知评估和激励过程中，提供指导和支持。例如，定期与教师进行一对一交流，了解其工作表现和需求，提供针对性反馈和支持。此外，学校领导还应在激励措施的设计和实施过程中，充分听取教师的意见和建议，确保激励措施的科学性和合理性。

第二节　高等学校教学管理队伍的物质激励与精神激励

一、高等学校教学管理队伍的物质激励

（一）薪酬体系设计

1. 基本工资和津贴

基本工资和津贴在教学管理激励中起着至关重要的作用，制定公平合理的工资标准是确保教师和管理人员工作积极性和满意度的基础。通过合理的基本工资和各种津贴，学校能够满足员工的基本生活需求，从而激发其工作热情和职业忠诚度。基本工资是员工最基本的收入来源，直接关系到其生活质量和工作动力。学校应根据市场行情、行业标准和地区经济水平，制定合理的基本工资标准，确保教师和管

理人员的基本生活需求得到满足。例如，可以参考当地教育行业的平均工资水平，结合学校的财务状况，制定适当的基本工资标准，确保其具有市场竞争力和吸引力。

津贴可以根据不同岗位的特点和需求，提供额外的经济支持。例如，岗位津贴可以根据教师的教学工作量、科研成果和管理职责等因素进行差异化分配，激励教师在各自岗位上发挥更大的作用。住房津贴则可以帮助教师解决住房问题，减轻其经济压力，提高其生活质量和工作满意度。此外，学校还可以根据实际需要，设立交通津贴、餐补津贴等，进一步提升教师和管理人员的福利待遇。学校应当确保薪酬制度的透明性和公正性，避免因薪酬分配不公而引发的不满和矛盾。例如，学校可以通过公开薪酬标准和分配原则，使每位员工都能清楚了解自己的工资构成和津贴情况。此外，学校还应建立完善的绩效考核机制，根据员工的工作表现和贡献，合理调整薪酬水平，激励其不断提升工作能力和工作绩效。例如，对于新入职的年轻教师，可以通过提供较高的基本工资和职业发展津贴，吸引其加入学校；学校应当建立定期的薪酬反馈机制，收集教师和管理人员对薪酬制度的意见和建议。此外，学校还应鼓励员工积极参与薪酬制度的制定和完善，从而增强对薪酬制度的认同感和信任感。

2. 绩效工资

绩效工资制度在教学管理中起着重要的激励作用，旨在通过与教学管理绩效直接挂钩，提升教师和管理人员的工作积极性和教学质量。通过科学合理的绩效评估体系，结合教学质量和学生满意度等关键指标，绩效奖金的发放可以更加公平和有效。绩效评估体系应综合考虑多方面的因素，以全面、客观地反映教师和管理人员的工作表现。例如，教学质量是一个重要的评估指标，可以通过学生的学习成绩、课堂表现和学术成果来衡量。此外，学生满意度也是评估教师教学效果的重要标准，可以通过定期的学生问卷调查和反馈来获取。同时，学校还应考虑教师的科研成果、学术贡献以及参与教育创新的情况，全面评估其工作绩效。

确保绩效评估和奖金发放过程的透明，可以增加教师和管理人员的信任感和参与感。例如，学校应公开绩效评估的标准和流程，使每位教师都能清楚了解绩效评估的依据和方法。此外，绩效评估的结果和绩效奖金的分配情况也应及时公布，接受教师和管理人员的监督和反馈，确保激励机制的公正性和透明度。绩效工资制度应体现差异化激励，激发教师和管理人员的工作热情和创造力。不同教师在教学、科研和管理方面的贡献存在差异，绩效工资制度应根据其不同的贡献和表现，给予相应的奖励。例如，对于在教学质量和学生满意度方面表现突出的教师，可以给予较高的绩效奖金；对于在科研和教育创新方面有突出贡献的教师，可以提供额外的科研经费和学术支持。此外，学校还应设立特殊贡献奖，表彰在教育教学改革和管理创新中有杰出表现的教师和管理人员，激励其继续努力和创新。

绩效工资制度应具有灵活性和适应性，以满足不同教师和管理人员的需求和期望。例如，学校可以根据不同学科、不同年级和不同岗位的特点，制定多样化的绩效评估标准和奖励措施。例如，对于基础学科的教师，可以侧重于教学质量和学生满意度的评估；对于科研型教师，可以侧重于科研成果和学术贡献的评估。此外，学校还应关注不同职业阶段教师的需求，为新入职教师提供职业发展支持，为资深教师提供学术休假和职业提升机会，确保绩效工资制度的适应性和针对性。学校应当定期收集教师和管理人员对绩效评估和奖金发放的意见和建议，通过反馈机制不断优化和改进绩效工资制度。例如，通过问卷调查、座谈会和个别访谈等形式，了解教师对绩效工资制度的满意度和期望，及时调整评估标准和奖励措施。此外，学校还应设立绩效评估委员会，负责监督和审核绩效评估的全过程，确保评估结果的公正和准确。学校领导应当高度重视绩效工资制度的设计和执行，积极参与绩效评估的制定和实施过程。例如，学校领导应定期与教师进行沟通，提供必要的指导和支持。此外，学校领导还应以身作则，严格按照绩效评估标准和流程，公正、公正地进行绩效评估和奖金发放，确保绩效工资制度的公平性和有效性。

（二）福利待遇

1. 医疗保险和社会保障

通过提供全面的医疗保险和社会保障制度，学校能够保障教师和管理人员的健康和安全，提升其工作满意度和职业忠诚度，从而促进教育事业的可持续发展。教师和管理人员在日常工作中，面临着繁重的教学任务和管理压力，其健康状况直接影响其工作效率和教学质量。学校应当为其提供全面的医疗保险，覆盖常见疾病的门诊和住院费用，减轻其医疗负担。例如，学校可以与当地优质医疗机构合作，为教师提供定期体检、专科诊疗和康复服务，确保其身体健康和及时治疗。此外，还应包括心理健康服务，帮助教师应对职业压力和心理问题，提升其整体健康水平。

全面的社会保障制度应包括养老保险、失业保险和工伤保险等，确保教师在不同人生阶段都能享有基本的生活保障。例如，学校应为教师缴纳养老保险，确保其退休后的基本生活保障，使其在职业生涯中没有后顾之忧。此外，失业保险和工伤保险也同样重要，可以在教师遇到突发状况时提供经济支持和帮助，增强其安全感和职业稳定性。学校应确保所有教师和管理人员都能公平享受医疗保险和社会保障待遇，避免因岗位、职称或年资不同而产生的待遇差异。例如，学校可以制定统一的医疗保险和社会保障标准，确保每位员工都能根据其工作年限和贡献享受相应的待遇。此外，学校还应关注特殊群体的需求，如孕产期教师和患病教师，提供额外的保障和支持，确保其健康和安全。

学校应通过完善的制度设计，将医疗保险和社会保障与教师的职业发展和晋升相结合，激励教师不断提升自身能力和水平。例如，学校可以为参与继续教育和培训的教师提供额外的医疗保障和社会保障支持，鼓励其不断学习和进步。此外，学校还应建立职业健康档案，记录和跟踪教师的健康状况和职业发展情况，提供个性化的健康管理和支持服务，提升其职业满意度和工作积极性。学校应定期收集教师和管理人员对医疗保险和社会保障制度的意见和建议，了解其需求和期望，及时调整和优化制度设计。例如，学校可以根据教师的反馈，不断改进医疗保险的覆盖范围和报销比例，提升其对制度的满意度和信任度。此外，学校还应设立专门的医疗保险和社会保障管理部门，负责制度的实施和监督，确保每位教师都能享受到应有的保障和服务。学校领导应高度重视教师和管理人员的健康和安全，积极推动和落实医疗保险和社会保障制度。

2. 住房和交通补贴

住房和交通补贴在教学管理中起着重要的支持作用，通过根据工作地点和实际需要提供这些补贴，学校能够显著改善教学管理人员的工作和生活条件，从而提高其工作积极性和职业满意度。教师和管理人员通常需要在工作地点附近居住，以便更好地完成教学和管理任务。对于许多教师来说，特别是在大城市工作的教师，住房成本是其生活中最大的经济负担之一。学校应根据工作地点和实际需要，提供适当的住房补贴，帮助教师减轻住房压力。例如，学校可以提供租房补贴或购房补贴，鼓励教师在工作地点附近租房或购房，确保其有一个稳定和舒适的居住环境，从而更好地投入教学和管理工作中。

许多教师和管理人员需要在不同校区之间或从家到学校长时间通勤，交通费用和时间成本对他们来说是一个不小的负担。学校可以根据工作地点和实际通勤距离，为教师和管理人员提供交通补贴，减轻其经济负担。例如，学校可以发放公共交通卡、提供燃油补贴或设立专门的班车服务，帮助教师和管理人员方便快捷地往返于工作地点和居住地之间，从而节省时间和精力，提高工作效率和生活质量。学校应根据教师和管理人员的具体情况，如工作地点、家庭经济状况和通勤距离等，制定科学合理的补贴标准和分配办法。例如，学校可以设立住房补贴评审委员会，按照公开、公平、公正的原则，审核和评定每位教师的住房补贴申请，确保补贴的合理分配。此外，学校还应公开补贴标准和分配结果，确保补贴制度的透明度和公正性。例如，学校可以根据教师的工作年限、职称和家庭情况等因素，制定多样化的补贴方案。例如，可以提供较高的住房补贴，帮助其尽快适应新的工作和生活环境。此外，学校还可以根据实际情况，适时调整补贴标准和政策，确保补贴制度的灵活性和适应性。设立有效的反馈和改进机制是确保住房和交通补贴制度持续有效的关键。学校应定期收集教师和管理人员对补贴制度的意见和建议，此外，学校还应设立专门的住房和交通补贴管理部门，确保每位教师都能享受到应有的补贴和服务。学校领导应高度重视教师和管理人员的工作和生活条件，积极推动和落实住房和交通补贴制度。

（三）奖励和激励措施

1. 奖励基金和奖项

奖励基金和奖项在教学管理中起着激励和促进作用，通过设立这些奖励机制，学校可以有效激励在教学管理工作中表现优异的个人和团队，鼓励他们持续努力和创新，为提升教育质量和管理水平做出更大的贡献。经济激励是最直接、最有效的激励方式之一，通过设立专门的奖励基金，学校可以为在教学和管理中表现优异的个人和团队提供丰厚的奖金。例如，可以设立年度优秀教师奖、教学创新奖和管理杰出奖等，对在教学效果、科研成果、管理效率等方面表现突出的教师和管理人员进行奖励，激发其工作热情和创新动力。学校不仅可以提高教师和管理人员的工作积极性，还能在全校范围内树立先进典型，形成良好的竞争氛围。

除了经济奖励，荣誉激励也是一种重要的激励方式。通过设立各种荣誉奖项，学校可以对表现优异的个人和团队进行表彰和奖励，提升其职业荣誉感和自豪感。例如，可以设立年度最佳教师奖、教学名师奖、管理模范奖等，通过隆重的颁奖仪式和公开表彰，使获奖者感受到学校对其工作的认可和重视，增强其职业认同感和归属感。此外，荣誉奖项的设立还可以激励其他教师和管理人员向先进学习，不断提升自己的工作水平和能力。确保奖励的公平性和透明性是激励机制成功的关键。学校应制定科学合理的奖励标准和评选程序，确保奖励的公正性和客观性。此外，学校还应公开奖励评选的标准和结果，接受全校师生的监督和反馈，确保奖励机制的透明度和公正性。例如，学校可以根据不同学科、不同岗位和不同职业阶段的特点，设立多种类型的奖项和奖励措施。此外，学校还应设立专门的奖励管理部门，负责奖励的实施和监督，确保每位教师和管理人员都能公平享受到应有的奖励和激励。学校领导应高度重视奖励机制的设计和执行，积极推动和落实奖励基金和奖项的设立和实施。

2. 项目经费支持

通过为教学管理项目提供专项经费支持，学校能够激励教学管理人员积极开展教育教学改革和创新项目，从而提升教学质量和管理水平。教学管理人员在推动教育教学改革过程中，往往需要进行大量的研究和实验，这需要一定的资金支持。例如，开展新的教学方法实验需要购买教学设备、教材和工具，进行教育研究需要组织学术研讨会和培训活动。学校通过设立专项经费，提供必要的资金支持，能够有效激励教学管理人员投入教育教学改革中，推动教学方法和管理模式的创新。

通过提供项目经费支持，学校可以为教师和管理人员提供更多的学习和交流机会。例如，学校可以资助教师参加国内外的学术会议和培训课程，提升其专业水平和教学能力。此外，学校还可以通过项目经费支持，鼓励教师组建科研团队和教学创新团队，促进团队合作和共同发展。学校不仅可以提高教师和管理人员的专业素质，还能增强团队的凝聚力和协作能力，推动整体教学管理水平的提升。学校在提供项目经费支持时，应制定科学合理的评审标准和评选程序，确保经费的合理使用和项目的可行性。例如，学校可以成立项目评审委员会，由教育专家和管理人员共同组成，对申报项目进行科学评审和严格筛选。此外，学校还应设立项目管理和监督机制，定期对项目的进展和经费使用情况进行检查和评估，确保项目经费的高效使用和项目的顺利实施。

专项经费支持应具有灵活性和适应性，以满足不同教学管理项目的需求。例如，不同学科、不同年级和不同类型的教育教学改革项目，其资金需求和项目特点各不相同。学校应根据实际情况，制定多样化的经费支持方案，确保每个项目都能获得适当的资金支持。例如，对于基础学科的教学改革项目，可以提供较高的设备购置和实验经费；对于创新型的管理模式研究项目，可以提供更多的调研和交流经费。此外，学校还应关注项目实施过程中的变化和需求，适时调整经费支持方案，确保项目的顺利推进。此外，学校还应设立专门的项目管理部门，负责项目的实施和监督，确保每个项目都能得到应有的支持和管理。

学校领导应高度重视教学管理项目的经费支持，积极推动和落实专项经费的设立和使用。例如，学校领导应定期与教学管理人员进行沟通，了解其项目进展和资金需求。此外，严格执行经费支持制度，确保经费的公平分配和合理使用，提升教师和管理人员对制度的信任和依赖。

二、高等学校教学管理队伍的精神激励

（一）目标和使命感

1. 明确的教育使命和学校目标

通过清晰明确的使命和目标，学校可以引导教师和管理人员共同努力，提升教育质量、促进学生全面发展，并积极承担社会责任，从而推动学校的整体进步。教育使命是学校存在的根本意义和追求，是所有教育活动的核心和灵魂。通过明确学校的教育使命，可以为教师和管理人员提供一个共同的愿景和奋斗目标。例如，学校可以明确"培养全面发展的学生""促进教育公平""服务社会"等教育使命，使每位教师和管理人员都能明确自己的工作意义和价值，增强职业认同感和归属感。在这种共同使命的引导下，教师和管理人员能够更加专注于提升教学质量和促进学生发展，从而实现学校的整体进步。

学校的发展目标是对未来发展的具体设想和规划，是激励教学管理队伍不断进取的重要动力。通过设立明确的发展目标，学校可以为教师和管理人员提供清晰的工作方向和奋斗目标。例如，学校可以设定"提升教学质量排名""增加科研成果数量""扩大社会影响力"等具体目标，激励教师和管理人员不断努力、创新和提升自己的工作水平。同时，学校还可以通过设立阶段性目标和奖惩机制，激励教师和管理人员在每个阶段都能有所突破和进步，从而实现学校的长远发展目标。在明确的使命和目标引导下，教师和管理人员能够更加清晰地认识到自己的角色和责任，增强团队合作和协作的意识。例如，学校可以通过定期的团队建设活动、教学研讨会和交流培训等，增强教师和管理人员之间的沟通和合作，形成良好的团队氛围和协作精神。在这种合作氛围中，教师和管理人员能够相互支持、共同进步，从而提升整体教学质量和管理水平，实现学校的共同目标。

学校不仅是培养人才的地方，也是服务社会的重要机构。通过明确学校的社会责任和发展目标，学校可以引导教师和管理人员积极参与社会服务和公益活动，增强学校的社会影响力和美誉度。例如，学校可以设定"培养社会责任感强的学生""服务社区和社会""推动教育公平和公益"等社会责任目标，激励教师和管理人员在教学工作之余，积极参与社会服务和公益活动，增强学校的社会责任感和影响力。在这种社会责任的引导下，学校不仅能够提升自身的社会地位和声誉，还能够为社会做出积极的贡献。学校应定期评估和反馈教育使命和目标的实现情况，通过问卷调查、座谈会和绩效评估等形式，了解教师和管理人员的工作情况和需求，及时调整和优化教育使命和目标。例如，学校可以根据反馈和评估结果，不断改进教育使命和目标的内容和实施策略，提升其对教师和管理人员的激励作用和实际效果。此外，学校还应设立专门的评估和反馈管理部门，负责教育使命和目标的实施和监督，确保每个目标都能得到有效实现和落实。学校领导应高度重视教育使命和目标的设定和实施，积极推动和落实相关工作。严格按照教育使命和目标，公正、公正地进行绩效评估和奖惩，确保教育使命和目标的公平性和有效性。

2. 共享的愿景和价值观

通过建立共享的学校愿景和价值观，学校可以激励教学管理人员在团队合作和个人成长中追求卓越，从而提升整体教育质量和管理水平。学校愿景是对未来的理想蓝图，是学校全体成员共同追求的目标。通过建立共享的愿景，学校可以为教师和管理人员提供一个清晰的奋斗方向。例如，学校可以设立"成为全国领先的教育机构"或"培养具有全球视野的优秀学生"的愿景，使每位教师和管理人员都能明确自己的奋斗目标。在这种共同愿景的引导下，教师和管理人员能够更加专注于提升教学质量和管理水平，从而推动学校的发展。

价值观是学校全体成员在工作和生活中共同遵循的行为准则和道德标准。通过建立共享的价值观，学校可以营造良好的校园文化和工作氛围。例如，学校可以倡导"尊重""诚信""创新""合作"等核心价值观，使每位教师和管理人员在日常工作中都能遵循这些价值观，形成良好的工作习惯和行为规范。在这种共享价值观的引导下，教师和管理人员能够更加团结合作，共同努力实现学校的愿景和目标。通过明确共同的愿景和价值观，学校可以增强教师和管理人员之间的信任和协作。

共享的愿景和价值观可以促进教学管理人员的个人成长和职业发展。在共同愿景和价值观的引导下，教师和管理人员能够更加清晰地认识到自己的职业目标和发展方向，增强个人成长的动力和信心。例如，学校可以通过设立职业发展规划、提供继续教育和培训机会、设立奖励机制等，激励教师和管理人员不断提升自己的专业素质和工作能力。在这种激励机制的支持下，教师和管理人员能够不断追求卓越，提升自己的职业竞争力和工作成就感。学校应定期组织教师和管理人员进行沟通和交流，通过座谈会、问卷调查等形式，了解其对学校愿景和价值观的理解和认同，及时调整和优化愿景和价值观的内容和实施策略。例如，学校可以根据教师和管理人员的反馈，不断改进愿景和价值观的表达和推广方式，提升其对愿景和价值观的认同度和参与度。此外，学校还应设立专门的管理部门，负责愿景和价值观的实施和监督，确保每个教师和管理人员都能切实贯彻和落实共享的愿景和价值观。

（二）成就和认可

1. 成就感和自我实现

成就感和自我实现是教师和管理人员在职业生涯中追求的重要目标，通过设立挑战性目标和科学的评估机制，学校可以有效激励教学管理队伍，提升他们的工作积极性和职业满意度，从而推动整体教育质量和管理水平的提升。挑战性目标能够激发教师和管理人员的潜力，使他们在工作中不断突破自我，追求卓越。例如，学校可以设立提高学生成绩、增加科研成果、创新教学方法等具体的工作目标，激励教师和管理人员在各自的岗位上不断努力和进步。在设立这些目标时，应确保目标具有一定的挑战性，但同时也要考虑其可实现性，使教师和管理人员在努力实现目标的过程中能够获得成就感和满足感。

通过科学合理的评估机制，学校可以对教师和管理人员的工作表现进行客观、公正评价，激励他们不断提升自己的工作能力和水平。例如，学校可以通过教学评估、学生反馈、科研成果等多种方式，对教师的教学效果和科研能力进行综合评估。此外，学校还可以设立定期的工作评审和绩效考核机制，对管理人员的工作效率和管理效果进行评价。通过这些评估机制，教师和管理人员能够清晰了解自己的工作表现和进步，增强其工作动力和成就感。除了设立挑战性目标和评估机制，学校还应提供多样化的激励措施，满足教师和管理人员在职业发展中的不同需求。例如，学校可以通过设立奖项、提供晋升机会、增加科研经费等方式，对在工作中表现优异的教师和管理人员进行奖励和表彰。此外，学校还可以提供继续教育和培训机会，支持教师和管理人员不断提升自己的专业素质和工作能力，增强其自我实现的动力和信心。

2. 公开和内部认可

定期公开表彰和内部认可优秀教学管理人员的工作成就和贡献在学校管理中具有重要的激励作用。通过这些方式，学校可以提升教师和管理人员的工作动力和归属感，从而推动教育质量和管理水平的提升。通过定期公开表彰优秀教师和管理人员，学校可以在全体师生面前展示他们的工作成果和贡献。例如，学校可以每学期或每年举办表彰大会，颁发各种奖项，如优秀教师奖、教学创新奖、管理杰出奖等，对在教学和管理工作中表现突出的个人和团队进行公开表彰。在这种公开场合的表彰下，获奖者能够感受到学校和同事的认可和赞赏，增强其工作动力和积极性。

除了公开表彰，内部认可也是激励的重要手段。通过在校内设立各种认可机制，如评选月度之星、年度最佳团队等，学校可以在日常工作中不断激励教师和管理人员。例如，学校可以在每个月的教师会议上，公开表扬在教学和管理中表现优异的教师和团队，给予他们精神上的鼓励和认可。在这种日常的内部认可中，教师和管理人员能够感受到学校的关怀和支持，增强其归属感和团队凝聚力。确保表彰和认可的公平性和透明性是激励机制成功的关键。学校应制定科学合理的评选标准和程序，确保每位教师和管理人员都有机会参与和获得表彰。此外，学校还应设立专门的表彰和认可管理部门，负责表彰和认可的实施和监督，确保每位教师和管理人员都能公平享受到应有的表彰和认可。

（三）发展和学习机会

1. 专业发展和培训

通过支持教学管理人员不断提升专业能力和管理技能，学校不仅可以提高教育质量，还能增强教学管理队伍的整体素质和工作满意度，从而推动教育事业的可持续发展。教学管理人员在不同的职业阶段和岗位上，面临着不同的挑战和发展需求。例如，新入职的教师可能需要更多的教学技能培训，而资深教师则可能更关注学术研究和教育创新。为此，学校应提供多样化的专业发展机会，如教学技能培训、学术研讨会、教育创新论坛等，以满足不同教师的需求，帮助他们不断提升专业水平。

教育事业的发展和变化日新月异，教师和管理人员需要不断学习和更新知识，才能应对新的教育挑战。例如，学校可以与高等院校和教育研究机构合作，提供继续教育课程和专业培训项目，帮助教师和管理人员掌握最新的教育理论和教学方法。此外，学校还可以鼓励教师参与在线课程和网络研讨会，拓展其学习渠道和方式，提升其专业能力和教学水平。支持教学管理人员的专业发展和培训，可以提高其工作积极性和职业满意度。通过提供丰富的专业发展机会，学校能够激励教师不断追求卓越和进步，增强其职业成就感和自豪感。例如，学校可以设立专项基金，资助教师参加国内外的学术会议和培训项目，提升其学术水平和国际视野。此外，学校还可以通过设立职业发展规划和晋升机制，鼓励教师在职业生涯中不断提升自己的专业素质和工作能力，增强其职业满意度和工作动力。

通过共同参与培训和发展项目，教师和管理人员能够增进彼此之间的了解和信任，形成良好的团队合作精神。例如，学校可以组织团队建设活动和合作研究项目，促进教师之间的合作和交流。例如，学校可以不断改进培训课程的内容和形式，提升其对培训项目的满意度和信任度。此外，学校还应设立专门的培训管理部门，负责培训项目的实施和监督，确保每位教师和管理人员都能公平享受到应有的发展机会和培训资源。

2. 学术交流和创新实践

鼓励教学管理人员参与学术交流、教育研究和创新实践在教育领域具有重要的意义。通过积极推动这些活动，学校能够激励教师和管理人员在教育教学改革中发挥积极作用和领导能力。通过参与国内外的学术会议、研讨会和学术交流活动，教学管理人员可以接触到最新的教育理论和教学方法。例如，学校可以资助教师参加国际教育学术会议，使其了解全球教育发展的最新动态和趋势，提升其专业素质和国际视野。此外，学校还可以与其他教育机构建立合作关系，组织教师和管理人员进行学术交流和互访，分享和借鉴彼此的经验和成果，促进教育教学的创新和发展。

通过参与教育研究项目，教师和管理人员可以深入探讨和解决教育教学中的实际问题，提升其科研能力和实践水平。例如，学校可以设立教育研究基金，支持教师和管理人员开展教育教学改革研究、教学方法创新研究、学生学习行为研究等。通过这些研究项目，教师和管理人员不仅可以提升自己的科研能力，还能为教育教学改革提供科学依据和创新思路，推动教育质量的不断提升。通过鼓励教师和管理人员在实际工作中进行创新实践，学校可以激发其创造力和领导力。例如，学校可以设立教学创新奖，对在教学方法、课程设计、教育技术应用等方面表现突出的教师和管理人员进行表彰和奖励。此外，学校还可以鼓励教师和管理人员组建创新团队，共同探索和实施教育教学改革项目，通过团队合作和集体智慧，推动教育教学的不断创新和发展。

学校应根据教师和管理人员的需求和实际情况，提供多样化的支持和激励措施。例如，学校可以提供科研经费、教学设备、学术资源等物质支持，帮助教师和管理人员开展学术研究和创新实践。此外，学校还可以通过设立奖励机制、提供职业发展机会、组织培训和交流活动等方式，激励教师和管理人员积极参与学术交流和创新实践，提升其工作积极性和职业满意度。例如，学校可以不断改进评估标准和评审程序，提升其对学术交流和创新实践的满意度和信任度。此外，学校还应负责学术交流和创新实践的组织和监督，确保每位教师和管理人员都能公平享受到应有的支持和激励。

（四）团队合作和文化氛围

1. 开放和支持的团队文化

通过这样的文化氛围，学校能够激励教学管理人员通过合作和分享实现个人和团队的发展，从而提升教育质量和管理水平，推动整体教育事业的发展。开放的文化氛围鼓励教师和管理人员自由表达意见和建议，促进思想的碰撞和交流。例如，学校可以定期组织开放的讨论会、研讨会和头脑风暴活动，鼓励教师提出创新的教学方法和管理策略。在这种开放的环境中，教师和管理人员能够充分发挥自己的创意和智慧，促进教育教学改革和管理创新，提升整体教育质量和管理效率。

通过提供各种支持和帮助，学校可以增强团队成员的工作信心和积极性。例如，学校可以为教师提供专业发展机会、科研经费和教学资源，帮助他们提升专业素质和工作能力。此外，学校还可以设立导师制，为新入职教师提供经验丰富的导师，帮助他们尽快适应工作环境。在这种支持的文化氛围中，教师和管理人员能够感受到学校的关怀和重视，增强其归属感和工作动力。尊重每位团队成员的意见和贡献，能够增强团队的凝聚力和协作精神。例如，学校可以通过设立反馈机制，定期收集教师和管理人员的意见和建议，及时回应和解决他们的需求和问题。此外，学校还应公平、公正地对待每位教师和管理人员，确保每个人的工作成果和努力都能得到认可和尊重。在这种尊重的文化氛围中，教师和管理人员能够相互信任、相互支持，共同努力实现团队的目标和发展。例如，学校可以组织团队建设培训、合作项目和社交活动。此外，学校还可以设立团队奖励机制，对在团队合作中表现突出的教师和管理人员进行表彰和奖励，激励他们继续在团队中发挥积极作用。在这种多样化的团队活动和机制推动下，教师和管理人员能够形成良好的团队合作习惯和氛围，提升整体团队的协作能力和工作效率。学校应定期对团队文化建设的进展和效果进行评估和反馈，了解教师和管理人员的意见和建议，及时调整和优化团队文化建设的策略和措施。例如，学校可以根据评估结果，不断改进团队建设活动的内容和形式，提升其对团队文化建设的满意度和认同度。此外，学校还应设立专门的团队文化建设管理部门，负责团队文化建设的组织和监督，确保每位教师和管理人员都能公平享受到团队文化建设的成果和资源。

2. 领导示范和团队精神

通过领导者的示范和激励，学校可以引导教学管理队伍形成积极向上的团队精神，共同追求学校的发展目标，从而推动整体教育事业的进步和发展。领导者作为学校的核心人物，其行为和态度对整个团队有着重要的影响。通过领导者的榜样作用，教师和管理人员能够受到积极影响，增强其工作热情和责任感。此外，领导者还应积极参与到团队的日常工作中，与教师和管理人员共同面对挑战和解决问题，形成良好的工作氛围和团队精神。

通过有效的激励措施，领导者可以激发教师和管理人员的工作积极性和创造力。例如，学校领导可以通过设立绩效奖励、晋升机会和荣誉称号等方式，激励在教学和管理工作中表现优异的教师和管理人员。此外，领导者还应关注团队成员的个人发展需求，提供必要的支持和资源。在这种激励机制的推动下，教师和管理人员能够感受到学校的重视和支持，增强其团队归属感和工作动力。领导者应通过建立明确的目标和愿景，引导团队共同追求学校的发展目标。明确的目标和愿景能够为团队提供清晰的发展方向和奋斗目标。例如，学校领导可以与教师和管理人员共同制定学校的发展规划和工作目标，确保每位团队成员都能理解和认同学校的发展方向。教师和管理人员能够更加专注于实现学校的发展目标，增强其团队合作和协作精神，从而推动学校的整体进步和发展。

领导者应通过建立有效的沟通和反馈机制，促进团队成员之间的合作和信任。有效的沟通是建立团队精神的重要保障。例如，学校领导应定期组织团队会议、座谈会和交流活动，增强团队成员之间的沟通和了解。此外，领导者还应建立反馈机制，及时收集和回应教师和管理人员的意见和建议，解决其工作中的实际问题。在这种良好的沟通氛围中，团队成员能够相互理解和支持，形成紧密的合作关系和团队精神。通过各种团队建设活动，学校可以增强教师和管理人员之间的协作和信任。例如，学校可以组织户外拓展、团队培训和社交活动，增强团队成员之间的互动和合作。在这些团队建设活动中，教师和管理人员能够通过共同完成任务和挑战，增强其团队协作能力和凝聚力。此外，领导者还应以身作则，积极参与到团队建设活动中，示范和引领教师和管理人员共同营造积极向上的团队精神，确保团队精神建设的公平性和有效性。

（五）社会责任和影响力

1. 教育公平与社会责任

通过强调教育公平和社会责任感，学校可以激励教学管理人员在服务学生、社区和社会中发挥积极作用，从而提升整体教育质量，促进社会的和谐与进步。教育公平意味着每个学生都应享有平等的教育机会，无论其背景、性别、种族或经济状况如何。通过强调教育公平，学校可以确保每位学生都能获得优质的教育资源和学习机会。例如，学校可以通过设立助学金、奖学金和补助计划，帮助经济困难的学生完成学业。此外，学校还应关注特殊教育需求，提供个性化的支持和资源，确保每位学生都能实现其学习潜力和发展目标。在这种教育公平的氛围中，教师和管理人员能够感受到自己的工作具有深远的社会意义，增强其工作动力和责任感。

教育不仅是传授知识和技能的过程，更是培养学生社会责任感和公民意识的过程。通过强调社会责任感，学校可以引导教师和管理人员在教育过程中注重培养学生的道德品质和社会责任。例如，学校可以组织社区服务和志愿活动，鼓励学生参与社会实践，增强其社会责任感和公民意识。此外，学校还可以通过课程设置和教学内容，将社会责任教育融入日常教学中，帮助学生树立正确的价值观和社会责任感。在这种社会责任感的引导下，教师和管理人员能够更加自觉地履行自己的教育职责，服务学生和社会。强调教育公平和社会责任感能够提升教学管理人员的职业成就感和自豪感。在公平和责任的氛围中，教师和管理人员能够看到自己的工作对学生和社会的积极影响。例如，学校可以通过定期表彰和奖励对教育公平和社会责任做出突出贡献的教师和管理人员，增强其职业荣誉感和工作积极性。此外，学校还可以通过设立专业发展机会和职业晋升通道，增强其职业满意度和归属感。

教育公平和社会责任感还可以促进学校与社区和社会的互动与合作。通过加强与社区和社会的联系，学校可以更好地了解和满足学生和社会的需求，提升教育服务的质量和效果。例如，学校可以与社区组织、企业和非政府组织合作，开展各类教育和社会服务项目，增强学生的社会实践能力和社会责任感。此外，学校还可以通过家长委员会、社区论坛等形式，加强与家长和社区的沟通与合作，共同促进学生的全面发展和社会的进步。在这种互动与合作的氛围中，教师和管理人员能够更好地发挥自己的专业特长和社会责任。设立有效的评估和反馈机制是确保教育公平和社会责任感得以实现的重要手段。学校应定期评估和反馈教育公平和社会责任的实施情况，例如，学校可以不断改进助学金、奖学金和补助计划的设置和管理，提升其对教育公平的支持力度。此外，学校还应负责教育公平和社会责任的实施和监督，确保每位教师和管理人员都能公平参与和受益。领导的支持和参与是确保教育公平和社会责任感成功实施的重要保障。学校领导应高度重视教育公平和社会责任。

2. 教育影响力和社会认同

通过教育工作的积极影响力和社会认同感，学校可以有效激励教学管理人员感受到其工作的重要性和价值。这不仅提升了教师和管理人员的工作积极性和职业满意度，还促进了整体教育质量和社会发展的提升。教育工作的积极影响力能够让教学管理人员意识到自己工作的深远意义。教育不仅是传授知识的过程，更是培养未来社会建设者的重要环节。例如，教师通过教育，能够影响学生的人生观、价值观和世界观，塑造他们成为有责任感、有能力的社会公民。通过看到自己学生的成长和成就，教师能够感受到自己工作的巨大影响力，增强其职业自豪感和成就感。此外，学校还可以通过定期组织学生和家长的反馈活动，展示教育对学生成长的积极影响，使教师和管理人员能够更直观地看到自己工作的价值和意义。

社会对教育工作的认可和尊重能够极大地激励教师和管理人员。例如，学校可以通过与社区合作，开展各类社会服务和公益活动，提升学校的社会影响力和美誉度。教师和管理人员能够看到社会对教育工作的支持和认可，增强其工作信心和动力。此外，学校还可以通过媒体宣传和公共关系活动，展示学校的教育成果和优秀教师的工作成就，提升社会对教育工作的认同感和尊重，使教师和管理人员能够感受到来自社会的支持和鼓励。教育影响力和社会认同感能够促进教学管理人员的职业发展和个人成长。通过不断提升专业能力和管理技能，教师和管理人员能够在教育领域中取得更大的成就和进步。例如，学校可以提供各种专业发展机会和培训课程，帮助教师和管理人员不断更新知识和提升能力。在这些专业发展活动中，教师和管理人员能够看到自己的进步和提升。此外，学校还可以设立职业发展规划和晋升机制，鼓励教师和管理人员在职业生涯中不断追求卓越。

教育影响力和社会认同感还能够促进教学管理人员之间的合作和团队精神。通过共同努力实现学校的教育目标和社会责任，教师和管理人员能够增强团队合作和协作精神。例如，学校可以组织团队建设活动和合作项目，促进教师和管理人员之间的沟通和合作。在这些团队活动中，教师和管理人员能够相互学习和支持，共同解决工作中的问题和挑战，增强团队的凝聚力和协作能力。

第三节 高等学校教学管理队伍激励机制

一、绩效考核与激励机制

通过科学合理的绩效考核与激励机制，学校能够有效激励教学管理人员的工作积极性和创新能力。教学质量直接关系到学生的学习效果和学校的教育水平，因此，科学合理的教学质量评估是绩效考核的重要组成部分。例如，学校可以通过学生评价、同行评议、课堂观察等多种方式，对教师的教学效果进行全面评估。此外，学校还可以利用现代教育技术，如在线评教系统，及时收集和分析学生的反馈意见，确保教学质量评估的客观性和准确性。在这种科学的评估体系下，教师能够清晰了解自己的教学效果和改进方向，从而不断提升教学水平。

教师和管理人员的学术成果不仅反映了其专业素质和科研能力，也是学校学术水平的重要体现。例如，学校可以通过发表论文、出版著作、主持科研项目等多种指标，对教师和管理人员的学术成果进行综合评价。此外，学校还可以设立学术交流和合作项目，鼓励教师和管理人员积极参与国内外的学术交流与合作。在这种学术成果评价体系下，教师和管理人员能够不断追求学术进步和创新，为学校的学术发展做出积极贡献。通过科学合理的奖励机制，学校可以激发教师和管理人员的工作积极性和创造力。例如，学校可以设立绩效奖金，对在教学、科研和管理工作中表现突出的教师和管理人员进行奖励。此外，学校还可以授予荣誉称号，如"优秀教师""教学名师""学术带头人"等，对在各方面表现优异的教师和管理人员进行表彰和奖励。在这种奖励机制的激励下，教师和管理人员能够更加积极地投入工作中，不断提升自己的工作能力和水平。

通过参与学术交流，教师和管理人员可以拓宽视野、更新知识、提升专业素质。例如，学校可以资助教师和管理人员参加国内外的学术会议、研讨会和培训课程，帮助他们了解最新的教育理论和教学方法。此外，学校还可以组织校内外的学术交流活动，如学术讲座、专家讲座、学术沙龙等，促进教师和管理人员之间的交流与合作。在这种学术交流氛围中，教师和管理人员能够不断提升自己的学术水平和教学能力。学校领导应高度重视绩效考核与激励机制。学校领导应积极参与绩效考核与激励机制的实施，示范和引领教师和管理人员共同提升工作水平，确保绩效考核与激励机制的公平性和有效性。

二、职业发展与晋升机制

通过建立科学合理的岗位晋升条件和提供丰富的培训机会，学校可以促进教学管理人员的全面发展，从而推动整体教育事业的进步。明确的职业发展路径能够为教学管理人员提供清晰的奋斗目标和方向。职业发展路径是指从事某一职业的人从入职到退休期间所经历的职业发展阶段及其路径。例如，学校可以制定详细的职业发展规划，明确每个岗位的晋升条件和发展方向，使教师和管理人员能够了解自己的职业前景和发展空间。在这种明确的职业发展路径引导下，教师和管理人员能够更好地规划自己的职业生涯。

岗位晋升条件应根据教学管理人员的工作表现、专业能力和学术成果等多方面因素进行综合评估。例如，学校可以设立教学质量、科研成果、管理能力等多个评估指标，结合定期的绩效考核和评估结果，对符合条件的教师和管理人员进行晋升。此外，学校还应确保晋升过程的公平性和透明性，制定明确的晋升程序和评审标准。在这种公平公正的晋升机制下，教师和管理人员能够感受到学校的信任和重视。培训机会能够帮助教师和管理人员不断更新知识、提升能力、适应教育发展的需要。例如，学校可以定期组织各类培训课程和讲座，涵盖教育理论、教学方法、管理技能等多个方面。此外，学校还可以与高等院校、科研机构合作，提供继续教育和进修机会，支持教师和管理人员深造学习，提升其专业水平和学术能力。在这种持续的培训和学习氛围中，教师和管理人员能够不断提升自己的职业素质和工作能力，增强其职业满意度和成就感。

定向培养是指根据教学管理人员的职业发展需求和学校的实际情况，制定个性化的培养计划，帮助其提升特定领域的专业能力和工作水平。例如，学校可以设立导师制，指导其尽快适应工作环境。此外，学校还可以通过设立跨学科交流机制，鼓励教师和管理人员参与不同学科和领域的交流与合作，拓宽知识视野，提升其综合素质。在这种定向培养和跨学科交流的机制下，教师和管理人员能够实现全面发展，增强其职业竞争力和创新能力。

三、工作环境与福利保障机制

通过提供具有吸引力的薪酬福利待遇和完善的社会保障机制，学校可以有效增强教师和管理人员的工作积极性和职业忠诚度。工作环境包括物理环境和心理环境，物理环境如办公设施、教学设备、校园环境等，心理环境如工作氛围、团队关系等。学校应为教师和管理人员提供舒适、安全、现代化的办公和教学设施，确保其在良好的物理环境中工作。此外，学校还应营造积极、和谐的工作氛围，促进教师和管理人员之间的合作与沟通。

决策支持体系包括信息系统、决策流程和管理机制等。学校应建立科学、合理的决策支持体系，确保各项决策的高效、透明和公平。例如，学校可以引入先进的信息管理系统，提升信息的传递和处理效率，支持决策的及时和准确。此外，学校还应建立健全的决策流程和管理机制，确保各级管理人员和教师能够参与决策过程，充分表达意见和建议，提升决策的科学性和民主性。薪酬福利待遇不仅是教师和管理人员的经济收入来源，也是其职业满意度和忠诚度的重要影响因素。学校应根据市场行情和行业标准，制定具有竞争力的薪酬体系，确保教师和管理人员的经济待遇达到或超过行业平均水平。例如，学校可以通过设立绩效奖金、岗位津贴、年度加薪等多种方式，激励在教学、科研和管理工作中表现突出的教师和管理人员。此外，学校还应提供完善的福利待遇，如住房补贴、交通补贴、医疗保险、带薪休假等，确保教师和管理人员的生活质量和工作满意度。

社会保障机制包括养老保险、医疗保险、工伤保险、失业保险等。学校应为教师和管理人员提供全面的社会保障，确保其在不同的人生阶段都能享有基本的生活保障。例如，学校可以为教师和管理人员缴纳社会保险费，确保其在退休后能够获得稳定的养老金。此外，学校还应提供健康保障，如定期体检、健康讲座、心理咨询等，关注教师和管理人员的身心健康，提升其工作满意度和稳定性。

学校领导应高度重视教师和管理人员的工作环境与福利保障。学校领导应以身作则，积极参与工作环境与福利保障机制的实施，示范和引领教师和管理人员共同提升工作环境与福利保障水平，确保工作环境与福利保障机制的公平性和有效性。

四、专业认可与荣誉机制

通过科学合理的专业认证和荣誉奖励制度，学校可以有效增强教学管理人员的职业荣誉感和工作积极性，从而推动整体教育质量和学术水平的提升。通过设立学术资格认证，学校可以确保教学管理人员具备高水平的专业知识和技能。例如，学校可以引入国内外权威的认证体系，对教师的教学能力、科研能力和管理能力进行全面评估和认证。此外，学校还可以与专业机构合作，提供认证培训课程，帮助教师和管理人员准备和通过专业认证。在这种科学的专业认证体系下，教师和管理人员能够不断提升自己的专业素质和工作能力。通过表彰学术成就和贡献，学校可以有效激励教师和管理人员在教学、科研和管理工作中不断追求卓越。此外，学校还可以设立荣誉称号，如"教学名师"、"学术带头人"等，进一步提升教师和管理人员的职业荣誉感和自豪感。

　　荣誉奖励机制应包括奖励标准、评审程序和评审委员会等内容。例如，学校可以制定详细的奖励标准，明确各类荣誉奖项的评选条件和评审方法，确保奖励的公平性和透明性。此外，学校还可以设立专门的评审委员会，由学术专家、教育管理人员和教师代表共同组成，负责荣誉奖项的评审和评定。学校应定期评估和反馈专业认证和荣誉奖励机制的实施情况。

第六章 高等学校教学管理队伍的工作环境与文化建设

第一节 高等学校教学管理队伍的工作环境分析

一、物理环境

（一）办公设施和设备

高等学校教学管理队伍的工作效率在很大程度上取决于其办公设施和设备的现代化程度。舒适的办公桌椅不仅能为教学管理人员提供良好的坐姿，预防职业病的发生，还能提升他们的工作体验感。科学的人体工学设计的办公家具，如可调节高度的桌椅、符合人体曲线的靠背椅等，都能为教学管理人员提供更为舒适的工作环境，减少因长时间工作带来的身体疲劳，从而提升工作效率和工作质量。除此之外，高效的计算机设备是教学管理工作顺利进行的重要保障。教学管理涉及大量的数据处理和文档管理，现代化的计算机设备能够大幅度提升这些工作的效率。配备高速处理器、大容量存储器和高分辨率显示器的计算机，能使教学管理人员在处理复杂数据和多任务操作时游刃有余。此外，使用现代化的办公软件和管理系统，能够实现数据的高效管理和资源的优化配置，进一步提高工作效率。

在当今信息化高度发展的时代，网络已经成为办公的重要工具。高等学校应确保办公区域内网络的高速稳定，避免网络故障导致的工作中断。除了有线网络外，还应配备覆盖广泛的无线网络，以便教学管理人员能够随时随地访问网络资源，开展移动办公。同时，网络安全措施的到位也是必须的，确保教学管理人员在使用网络时能够保障信息的安全性和隐私性。现代化的办公设施不仅仅局限于桌椅和计算机，还包括打印机、扫描仪、传真机等其他办公设备。这些设备的高效运行和便捷操作，可以缩短教学管理人员的工作时间。例如，高速打印机能够快速打印大量文件，而高精度扫描仪能够清晰地将纸质文件转化为电子文件，方便存储和传输。此外，多功能一体机的使用，可以集成打印、扫描、复印和传真等多种功能，节省办公空间，提高设备利用率。

在办公设施的配置上，高等学校还应考虑到环保和节能的因素。采用节能环保的办公设备，不仅能降低能源消耗，减少办公成本，还能响应国家的环保政策，树立学校的绿色形象。例如，使用节能型 LED 照明、低能耗计算机和打印机等，都能在日常办公中减少碳排放，促进可持续发展。高等学校应为教学管理人员提供宽敞明亮的办公环境，合理规划办公区域，避免拥挤和噪音干扰。开放式办公区可以促进团队间的交流与协作，而独立的办公室和会议室则能为需要安静工作的人员提供必要的空间。同时，设置休息区和茶水间，能够让教学管理人员在忙碌工作之余放松身心，提升工作积极性。

高等学校在提供现代化办公设施和设备的同时，还应注重设备的维护和更新。办公设备在长期使用中难免会出现各种故障，高效的维修和维护机制能够确保设备的正常运行，避免因设备故障导致的工作延误。同时，随着科技的不断进步，办公设备的更新换代也是必要的，高等学校应定期对办公设备进行评估和更新，确保教学管理人员始终能够使用最新、最先进的设备，提升工作效率。在办公环境中，教学管理人员的身心健康同样重要。例如，提供适当的办公照明，避免光线过强或过弱造成的眼睛疲劳；设置适宜的温度和湿度，保证舒适的工作环境；安装空气净化设备，确保室内空气质量。这些细节的优化，都能为教学管理人员提供一个健康、舒适的工作环境，提升他们的工作效率和工作满意度。

（二）办公空间

开放式办公区的设计理念在现代高等学校教学管理中得到了广泛应用。开放式办公区能够打破部门之间的隔阂，促进教学管理人员之间的互动和信息共享。在这样的环境中，人员可以更加便捷地交流和协作，迅速解决工作中的问题。此外，开放式办公区还可以营造出一种平等、开放的工作氛围，增强团队的凝聚力和向心力。会议室是进行团队讨论、项目策划和决策制定的重要场所。不同规格的会议室能够满足多种需求，从小型的部门会议到大型的全校教学管理会议，都有相应的空间安排。会议室的设计应注重舒适度和功能性，如配备现代化的视听设备、高速网络、白板和投影仪等，确保会议的顺利进行和高效交流。此外，会议室应隔音良好，以确保讨论的私密性和会议的高效性。

休息区为教学管理人员提供了一个放松和休息的场所，帮助他们在繁忙的工作中缓解压力、恢复精力。高等学校应当为休息区配备舒适的座椅、咖啡机、小食架等设施，营造温馨、放松的氛围。通过在休息区的短暂休憩，教学管理人员可以获得身心的放松，从而以更好的状态投入工作中，提升整体工作效率和工作满意度。独立办公室不仅能提供一个相对安静、无干扰的工作空间，适合处理保密性较高或需要高度集中注意力的工作内容，还能为高层管理人员提供一个接待外来访客和进行私人会谈的场所。高等学校在布局独立办公室时，应考虑到办公环境的私密性和舒适性，如良好的采光、通风以及适当的隔音措施。

除了开放式办公区、会议室和休息区，高等学校还可以设置一些专门的功能区域，如资料室、档案室、创新实验室等。这些功能区域可以为教学管理人员提供更加专业的工作场所，满足其特定的工作需求。例如，资料室可以集中存放各种教学管理相关的资料和文件，方便查阅和管理；创新实验室则可以为教学管理人员提供一个自由探索、实验和创新的空间，促进教学管理工作的创新发展。适当的绿植、艺术品和色彩搭配可以为办公环境增添生机和活力，提升员工的工作积极性和创造力。高等学校可以在办公区域摆放一些富有艺术感的装饰品或师生的艺术作品，营造一种文化氛围，激发教学管理人员的灵感和创造力。此外，办公空间的色彩搭配应以柔和、舒适为主，避免过于刺眼或单调的色彩，以提升整体办公环境的舒适度。

在办公空间的管理和维护上，高等学校也应投入足够的关注。定期对办公区域进行清洁和维护，保持环境的整洁和卫生，是保障教学管理人员健康和工作效率的基础。同时，办公空间的设施设备应定期检修和更新，避免因设备故障而影响工作进度。高效的办公环境管理可以为教学管理人员提供一个舒适、安全的工作场所，提升整体工作质量和效率。办公空间布局不仅是物理环境的设计，更是文化和理念的体现。通过合理的办公空间布局，高等学校可以传递一种开放、合作、创新的文化理念，激发教学管理人员的积极性和创造力。办公空间不仅是工作场所，更是交流、学习和成长的平台。高等学校应通过科学的布局和设计，为教学管理人员提供一个既高效又舒适的工作环境，促进其专业发展和团队合作，从而推动整体教学管理工作的持续进步和发展。

二、心理环境

（一）工作压力与支持

教学管理工作经常涉及繁重的事务性任务，使得教学管理人员面临着较大的工作压力。高等学校需要高度重视教学管理队伍的心理健康，采取有效措施提供必要的心理支持和辅导，帮助他们缓解工作压力，以保持良好的工作状态。教学管理人员常常需要处理大量的日常事务，如课程安排、学生管理、资料整理等，这些工作虽然看似琐碎，但需要极高的细致和耐心。一旦出现问题，不仅会影响教学的正常运行，还会引起连锁反应，对学校整体管理造成不良影响。因此，教学管理人员的工作压力较大。为了帮助教学管理人员有效应对工作压力，高等学校应首先建立健全的心理支持体系。学校可以定期组织心理健康讲座和培训，邀请专业的心理学家或心理咨询师为教学管理人员提供相关的心理知识和应对技巧。教学管理人员可以学习到如何有效缓解压力的方法，如时间管理、情绪调节、放松训练等，帮助他们在面对繁重工作时保持良好的心理状态。

高等学校还应设立专门的心理咨询室，提供个性化的心理辅导服务。心理咨询室可以安排专业的心理咨询师，定期为教学管理人员提供一对一的心理辅导，帮助他们解决在工作和生活中遇到的心理问题和困扰。心理咨询师可以通过倾听、分析、建议等方式，帮助教学管理人员找到缓解压力的有效途径，提升其心理健康水平和工作满意度。高等学校还应建立良好的工作环境和支持机制，以减轻教学管理人员的工作压力。首先，学校应合理分配工作任务，避免工作负担过重。通过科学的工作安排和团队协作，确保每位教学管理人员的工作量在可承受范围内。其次，学校应鼓励教学管理人员之间的互助合作。通过建立团队协作机制，如定期召开工作会议、组织团队活动等，促进教学管理人员之间的沟通与交流。

在此基础上，高等学校还可以通过提供灵活的工作安排和人性化的管理措施，进一步减轻教学管理人员的工作压力。例如，学校可以提供弹性工作时间，让教学管理人员根据自身情况灵活安排工作时间；同时，学校可以推行远程办公制度，让教学管理人员在需要时能够在家中完成部分工作任务，减少通勤带来的时间和精力消耗。此外，学校还可以设立专项奖励和激励机制，对工作表现突出的教学管理人员给予一定的奖励和认可，提升他们的工作积极性和自豪感。高等学校还应注重教学管理人员的职业发展和成长，为其提供必要的培训和发展机会。通过组织专业培训、进修学习、交流考察等活动，帮助教学管理人员不断提升专业素质和管理能力。同时，学校应为教学管理人员提供清晰的职业发展路径和晋升机制，激励他们不断追求进步和自我超越。职业发展的前景和机会可以有效缓解工作压力，让教学管理人员在看到未来发展的希望时，更加积极地投入工作中。

高等学校应关注教学管理人员的家庭生活，为其提供必要的家庭支持。学校可以通过设立家属联谊会、提供家庭日活动、开设家庭心理辅导等方式，关注教学管理人员的家庭和谐和幸福。家庭生活的稳定和幸福可以为教学管理人员提供坚实的后盾，使他们在工作中更加安心和投入。此外，学校还可以在重要节假日为教学管理人员及其家属送上关怀和慰问，增强他们的归属感和幸福感。

（二）工作认同感和归属感

高等学校应通过激励机制和团队建设活动，增强教学管理人员的工作认同感和归属感。明确的职业发展路径和公平的晋升机制，可以激发教学管理人员的工作热情和积极性。

三、制度环境

（一）规章制度和工作流程

高等学校应建立科学合理的激励机制，以增强教学管理人员的工作认同感。通过设立明确的奖励标准和制度，对表现优异的教学管理人员进行表彰和奖励，这不仅能够激励他们继续努力工作，还能树立榜样，带动整个团队的工作积极性。奖励的形式可以多种多样，包括物质奖励、精神奖励以及荣誉奖励等，学校应根据具体情况灵活运用，以达到最佳的激励效果。高等学校应定期组织各种形式的团队建设活动，如拓展训练、团队旅游、联欢会等，这些活动不仅可以放松心情，缓解工作压力，还能促进团队成员之间的交流和合作，增强团队的凝聚力。在活动中，教学管理人员可以增进了解，建立深厚的友谊，从而在日常工作中更加默契配合，共同推动学校的各项工作顺利进行。

高等学校应为教学管理人员提供清晰的职业发展规划，通过定期的职业发展培训和指导，帮助他们明确职业目标和发展方向。学校可以通过组织专业培训、进修学习、学术交流等方式，提高教学管理人员的专业素质和管理能力，为他们的职业发展提供坚实的基础。同时，学校应设立合理的晋升机制，确保晋升渠道的公开、公平和透明，让每位教学管理人员都能看到自身发展的希望和机会。高等学校应建立完善的晋升评估体系，通过客观、公正的评估标准，对教学管理人员的工作表现进行全面考核。晋升评估应综合考虑教学管理人员的工作能力、工作态度、团队贡献等方面，确保评估结果的公正性和权威性。通过公平的晋升机制，学校可以激励教学管理人员不断提升自我，提高工作效率和工作质量，形成良性的竞争和激励机制。

高等学校还应注重人文关怀，通过关心教学管理人员的生活和家庭，增强他们的归属感。学校可以通过定期走访、慰问、组织家庭活动等方式，关注教学管理人员的生活状况，解决他们在生活中遇到的实际困难。学校应鼓励教学管理人员积极参与学校的各项决策和管理工作，听取他们的意见和建议。通过设立意见箱、召开座谈会、组织讨论会等形式，学校可以了解教学管理人员的真实想法和需求，及时解决他们在工作中遇到的问题和困难。通过这种开放的沟通机制，学校可以增强教学管理人员的参与感和主人翁意识，使他们更加认同和热爱自己的工作。学校应通过宣传和教育，弘扬正能量，树立良好的工作作风和道德风尚。在这种积极向上的组织文化中，教学管理人员可以找到自己的定位和价值，从而更加热爱和投入自己的工作。通过组织文化的建设，学校可以增强教学管理人员的归属感，使他们在工作中感受到更多的满足感和成就感。

（二）考核与评估机制

科学合理的考核与评估机制能够全面客观地反映教学管理人员的工作表现，促进其不断提升工作能力和水平。学校应制定明确的考核标准和细则，确保考核过程的公正性和透明性。考核标准应涵盖工作效率、工作质量、团队协作能力、创新能力等多个方面，通过多维度的评估，全面了解和评价教学管理人员的工作表现。考核结果应与薪酬、晋升等挂钩，形成良性的激励循环。高等学校应根据考核结果，对表现突出的教学管理人员给予适当的物质奖励和精神激励，如提高薪酬、发放奖金、颁发荣誉证书等。这些奖励措施不仅能够激励教学管理人员继续努力工作，还能增强他们的工作满意度和归属感。此外，学校还应根据考核结果，为教学管理人员提供职业发展的机会，如晋升职位、参与重要项目、提供进修培训等，使他们看到自身努力的成果和未来发展的希望。

高等学校在建立考核与评估机制时，应注重考核过程的公开透明。学校应通过定期召开考核工作会议，向全体教学管理人员介绍考核的标准、流程和结果，确保考核工作的公开性和透明度。学校应邀请教学管理人员参与考核方案的制定和修改，确保考核方案的科学性和可行性。此外，学校应设立考核申诉机制，允许教学管理人员对考核结果提出异议和申诉，保障其合法权益。为了保证考核与评估机制的有效实施，高等学校应加强考核过程中的监督管理。学校应设立专门的考核委员会，负责考核工作的组织、实施和监督。考核委员会应由学校领导、教学管理人员代表和外部专家组成，以确保考核工作的客观公正。同时，学校应建立健全的考核档案管理制度，详细记录每位教学管理人员的考核情况，为后续的考核工作提供参考依据。

在考核与评估机制的实施过程中，高等学校应注重对考核结果的反馈和应用。学校应通过定期的考核结果反馈会议，向教学管理人员详细解释考核结果，指出他们的优点和不足，帮助他们明确改进方向。对于考核结果不理想的教学管理人员，学校应提供必要的指导和帮助，制定具体的改进计划，帮助他们提升工作能力和水平。此外，学校应将考核结果作为重要的决策依据，科学合理地进行人力资源管理和工作安排，确保教学管理工作的高效运行。为了进一步提升考核与评估机制的效果，高等学校应不断进行考核制度的创新和优化。学校应结合实际情况，灵活运用多种考核方法，如定量考核和定性考核相结合、自我评估和他人评估相结合、日常考核和定期考核相结合等，通过多种考核方式的综合运用，提高考核结果的科学性和准确性。此外，学校应积极引入现代信息技术，开发和应用考核管理系统，实现考核过程的信息化和智能化，提高考核工作的效率和质量。

高等学校还应注重考核与评估机制的长效性和持续性。学校应定期对考核与评估机制进行评估和调整，及时发现和解决考核过程中存在的问题，确保考核机制的科学性和公正性。同时，学校应加强考核与评估机制的宣传和培训，帮助教学管理人员深入了解和掌握考核制度，提高他们对考核工作的认同感和参与度。

四、文化环境

（一）组织文化和团队氛围

学校应积极营造一种积极向上的文化氛围，通过树立明确的价值观和行为准则，引导教学管理人员形成共同的使命感和责任感。明确的价值观可以激励教学管理人员不断追求卓越，积极投身于教育事业，为学校的发展贡献自己的力量。同时，学校应通过各种形式的文化活动，如文化讲座、读书会等，提升教学管理人员的文化素养和职业素质，形成一种积极进取的文化氛围。高等学校应通过团队建设活动，增强教学管理人员之间的相互理解和信任，促进团队内部的和谐与合作。例如，学校可以定期组织团队拓展训练，通过集体活动增强团队成员的协作意识和团队精神。拓展训练不仅可以锻炼教学管理人员的体能和心理素质，还可以增强他们的团队意识和合作能力，使他们在日常工作中能够更加默契地配合，共同应对各种挑战。

高等学校还应重视领导的作用，通过领导的榜样作用，带动全体教学管理人员积极参与组织文化建设。通过领导的引导和激励，教学管理人员可以更加认同学校的价值观和文化理念，形成一种共同的使命感和责任感。同时，学校应建立良好的沟通机制，通过定期召开工作会议和座谈会，听取教学管理人员的意见和建议，增强他们对学校的认同感和归属感。此外，高等学校应注重建立健全的制度体系，通过科学合理的制度设计，保障组织文化建设的长效性和持续性。学校应制定明确的规章制度和行为规范，确保教学管理人员在工作中有章可循，有据可依。通过制度的约束和引导，教学管理人员可以在日常工作中自觉遵守学校的规章制度，形成良好的工作习惯和职业素养。同时，学校应设立奖励和惩罚机制，对表现突出的教学管理人员进行表彰和奖励，对违反规章制度的行为进行相应的惩处，确保组织文化建设的有效性和持久性。

高等学校还应注重营造一种学习型组织文化，通过不断学习和创新，提高教学管理队伍的整体素质和工作能力。学校应鼓励教学管理人员积极参加各种形式的培训和学习活动，不断提升自己的专业素质和管理能力。例如，学校可以组织专业讲座、学术研讨会、外出考察等活动，帮助教学管理人员开阔视野，更新知识，提升能力。同时，学校应鼓励教学管理人员之间的相互学习和经验交流，通过团队内部的学习和分享，共同提高业务水平和管理能力，形成一种积极向上的学习氛围。为了进一步增强团队的凝聚力和战斗力，高等学校应重视团队成员的多样性和包容性。学校应尊重每位教学管理人员的个性和特点，充分发挥他们的特长和优势，通过合理的岗位分配和任务安排，激发每位成员的潜力和创造力。包容性文化的建设，可以使每位教学管理人员都感受到自己的价值和重要性。在这种包容和多样性的团队氛围中，教学管理人员可以相互理解、相互支持，共同推动学校的各项工作顺利开展。

高等学校还应注重团队精神的培养，通过各种形式的团队活动，增强教学管理人员的团队意识和合作精神。例如，学校可以定期组织体育比赛、文艺演出等集体活动，通过这些活动增强团队成员之间的情感交流和合作意识。在团队活动中，教学管理人员可以体验到团队合作的乐趣，增强彼此之间的信任和默契，使他们在日常工作中能够更加紧密合作，共同完成各项任务。

（二）沟通与交流

高等学校应建立畅通的沟通渠道，鼓励教学管理人员之间的交流与合作。这不仅能够提高工作效率，还可以增强团队的凝聚力和战斗力。定期召开工作会议是促进沟通与交流的有效手段。通过工作会议，教学管理人员可以及时汇报工作进展，分享经验和教训，提出存在的问题和困难。会议为大家提供了一个公开讨论和交流的平台，有助于集思广益。此外，工作会议还能增强团队的透明度，使每位成员都能清楚地了解整体工作的方向和目标，从而更好地协同合作。

学校可以定期组织各类座谈会，让教学管理人员在轻松愉快的氛围中畅所欲言。座谈会不仅可以增进彼此之间的了解和信任，还能帮助学校领导及时掌握教学管理人员的思想动态和工作状况。通过座谈会，学校可以了解教学管理人员的实际需求和困难，针对性地制定解决方案，帮助他们克服工作中的障碍，提高工作效率和满意度。同时，座谈会还能为教学管理人员提供一个情感交流和心理疏导的平台，缓解他们的工作压力，提升整体的工作幸福感。高等学校还应通过建立各种形式的沟通渠道，确保信息的畅通和及时传递。例如，学校可以通过设立意见箱、开通电子邮件和在线交流平台等方式，方便教学管理人员随时反馈意见和建议。通过这些渠道，教学管理人员可以及时反映工作中的问题和困难，提出改进工作的合理化建议，增强他们的参与感和主人翁意识。学校领导和相关部门应及时回复和处理教学管理人员的反馈，确保信息的有效传递和问题的及时解决，形成良好的沟通机制。

学校还可以通过设立专项工作小组，促进教学管理人员之间的深入交流和合作。专项工作小组由相关领域的教学管理人员组成，针对某一特定问题或任务进行深入研究和讨论。例如，学校可以设立教学改革工作小组、学生管理工作小组、科研管理工作小组等，通过定期的讨论和交流，推动各项工作的顺利开展和不断优化。高等学校应重视跨部门之间的沟通与合作，打破部门之间的信息壁垒。学校可以通过组织跨部门的联席会议和合作项目，促进各部门之间的协调和配合。例如，教学管理部门与学生管理部门、科研管理部门、后勤保障部门之间的密切合作，可以确保各项工作的无缝衔接和高效运行。通过跨部门的沟通与合作，学校可以有效整合资源，优化工作流程，提升整体的管理水平和工作效能。

为了提高沟通与交流的质量，高等学校应注重沟通技能的培训和提升。学校可以定期组织沟通技能培训，邀请专业的沟通专家为教学管理人员讲授沟通技巧和方法，帮助他们提高语言表达能力和人际交往能力。在培训中，教学管理人员可以学习到如何有效倾听、如何清晰表达、如何进行建设性反馈等实用技巧，从而在日常工作中更好地进行沟通和交流，提升整体的沟通效果。高等学校还应营造一种开放包容的沟通文化，鼓励教学管理人员大胆表达自己的观点和想法。学校应提倡平等、尊重、信任的沟通氛围，让每位教学管理人员都能感受到自己意见的价值和重要性。通过建立这种开放包容的沟通文化，学校可以激发教学管理人员的创造力和主动性，形成一种积极向上的工作氛围，推动各项工作的不断创新和发展。

为了进一步促进沟通与交流，高等学校还可以通过组织各类社交活动，增强团队成员之间的情感联系。例如，学校可以组织联欢会、体育比赛、文艺演出等活动，让教学管理人员在轻松愉快的氛围中增进了解和友谊。这些社交活动不仅可以缓解工作压力，提升团队士气，还能增强团队的凝聚力和战斗力，使教学管理人员在工作中更加紧密合作，共同实现学校的目标和愿景。

五、外部环境

（一）政策支持

政府应加大对高等学校的财政投入，确保其在教学设施、科研设备、师资力量等方面能够得到充分保障。充足的财政拨款可以为高等学校提供必要的物质基础，支持其开展各项教学和科研活动，提高教育质量和教学管理水平。此外，政府还应设立专项资金，用于支持高等学校的教学改革、创新项目以及国际交流与合作，促进其综合实力的提升。教育主管部门应根据高等学校的实际需求，合理配置教育资源，确保其在师资力量、教学设备、科研设施等方面能够得到有效保障。具体来说，政府可以通过资源整合和优化配置，提升教育资源的利用效率。例如，教育主管部门可以推动高校之间的资源共享和合作，促进优秀师资、先进设备和优质课程资源的共建共享，提升整体教育质量。此外，政府还应鼓励企业、社会组织等各界力量参与高等教育资源的建设，共同为高等学校的发展提供支持。

高等学校教学管理工作需要政策支持的背后，是教育质量的不断提升。政府和教育主管部门应通过政策引导和支持，推动高等学校不断进行教学改革和创新。例如，政府可以制定相关政策，鼓励高等学校开展基于信息技术的教学模式创新，推动线上线下教学的深度融合，提高教学的灵活性和针对性。同时，政府还应支持高等学校加强国际交流与合作，通过引进国外先进的教育理念和教学方法，提升本校的教学水平和国际竞争力。政策支持不仅体现在资金和资源方面，还应包括制度和政策环境的优化。政府应制定和完善高等教育相关法律法规，为高等学校的教学管理工作提供制度保障。例如，政府可以通过制定《高等教育法》《教育经费管理条例》等法律法规，明确高等学校的权利和义务，规范其教学管理行为。此外，政府还应建立健全教育评估和质量监控体系，通过科学、规范的评估机制，确保高等学校的教学质量和管理水平不断提升。

为了确保政策支持的有效实施，政府和教育主管部门还应加强监督和管理。具体来说，政府可以通过设立专门的监督机构，定期对高等学校的教学管理工作进行检查和评估，确保财政拨款和资源配置的合理使用。同时，政府还应建立信息公开制度，确保高等学校的财务状况、资源使用情况和教学管理成效透明可见，接受社会和公众的监督。通过这些措施，可以提高政策支持的透明度和公信力，确保政策支持的实际效果。此外，政策支持还应注重高等学校的自主权和灵活性。政府和教育主管部门在给予政策支持的同时，应尊重高等学校的自主权，允许其根据实际情况灵活运用资金和资源。例如，政府可以设立专项基金，由高等学校自主申请和管理，用于支持其特色项目和创新实践。此外，政府还应简化审批流程，减少行政干预，赋予高等学校更多的自主决策权和管理权，激发其内在活力和创新动力。

高等学校教学管理工作发展离不开政策支持，同时也需要政策支持的不断优化和完善。政府和教育主管部门应加强政策研究和实践探索，及时总结经验和教训，调整和完善相关政策措施。例如，政府可以通过设立政策研究机构，定期开展政策效果评估和调研，了解高等学校的实际需求和面临的问题，不断改进和优化政策支持体系。通过这些努力，可以确保政策支持的科学性、合理性和有效性，促进高等学校教学管理工作的持续发展和进步。高等教育作为一个系统工程，需要与经济、科技、文化等各个领域的政策协调配合，形成政策合力。例如，政府在制定经济发展政策时，应考虑高等教育的发展需求，通过产业政策和科技政策的支持，推动高等学校的产学研合作和科技成果转化。此外，政府还应加强文化政策的支持，通过文化建设和传播，提升高等学校的文化软实力和社会影响力，促进其全面发展。

（二）社会认可

通过媒体宣传、公众讲座、教育论坛等方式，可以向社会大众普及教学管理工作的具体内容和重要性，使更多人认识到这一工作的价值和意义。媒体在宣传方面具有巨大的影响力，可以通过报道优秀教学管理案例、采访杰出教学管理人员，树立榜样，提升这一职业的社会地位和影响力。通过制定相关政策和法规，明确教学管理人员的职业地位和权利，保障他们的合法权益。例如，政府可以设立教学管理奖项，对在教学管理工作中表现突出的个人和团队进行表彰和奖励。这不仅能够激励教学管理人员的工作热情，还能通过社会认可提升他们的职业自豪感。此外，政府还应支持教学管理人员的职业发展，为他们提供更多的培训和进修机会，帮助他们不断提升专业素质和管理能力。

学校可以通过举办公开活动、发布年度报告等形式，向社会展示教学管理工作的成果和进展。例如，学校可以定期组织开放日活动，邀请社会各界人士参观校园，了解教学管理工作的具体内容和成效。此外，学校还应积极参与社会公益活动，展示其社会责任感和公益形象，进一步提升社会对教学管理工作的认可度。企业可以通过捐资助学、设立奖学金等方式，支持教学管理工作的开展。例如，企业可以与高等学校合作，共同设立教学管理专项基金，用于支持教学管理人员的培训和发展。通过这些举措，企业不仅可以履行其社会责任，还能通过与高等学校的合作，提升自身的社会形象和影响力。此外，社会组织也可以通过组织志愿活动、提供专业咨询等方式，增强社会对这一职业的认可和支持。

社会各界对教学管理工作的认可和支持，不仅有助于提升教学管理队伍的职业自豪感，还能促进高等教育质量的提升。教学管理人员在良好的社会认可环境中，可以更加安心地投入工作，发挥其专业特长和管理能力，推动学校各项工作的顺利开展。通过社会的广泛支持和认可，教学管理人员可以获得更多的资源和机会，不断提升自身素质和能力，为学校的发展和进步做出更大的贡献。高等学校还应加强与社会各界的合作，建立广泛的社会支持网络。通过与政府、企业、社会组织等各方的合作，学校可以获得更多的资源和支持，提升教学管理工作的成效。例如，学校可以共同开展教学管理项目，借鉴企业的管理经验和资源。同时，学校还可以与社会组织合作，共同开展教育研究和社会服务活动，增强社会对教学管理工作的认可和支持。

为了提升教学管理工作的社会地位和影响力，高等学校还应注重教学管理队伍的形象建设。通过树立良好的职业形象，增强教学管理人员的职业自豪感和社会认可度。例如，学校可以通过组织职业形象培训，提高教学管理人员的职业素养和礼仪水平。此外，学校还可以通过设立教学管理人员形象展示墙、出版教学管理工作成果集等方式，展示教学管理队伍的风采和成就，提升其社会地位和影响力。社会认可的提升还需要依靠长期的努力和持续宣传推广。高等学校应制定长期的宣传推广计划，通过各种形式的宣传活动，逐步提升教学管理工作的社会认可度。例如，学校可以通过制作宣传片、开设专题网站、发布宣传册等方式，向社会展示教学管理工作的具体内容和成就。此外，学校还可以通过组织教学管理工作展示会、教学管理成果展等活动，向社会展示教学管理工作的实际效果和价值，增强社会对这一工作的认可和支持。

高等学校教学管理工作的社会认可，不仅仅依赖于外部的支持和宣传，还需要自身的不断努力和提升。通过不断提高教学管理工作的质量和水平，学校可以获得更多的社会认可和支持。例如，学校可以通过开展教学管理创新项目，提升教学管理工作的科学性和有效性；通过加强教学管理队伍的培训和发展，提升其专业素质和管理能力；通过不断完善教学管理制度和机制，提升教学管理工作的规范性和透明度。

第二节 高等学校教学管理队伍的文化建设

高等学校教学管理队伍的文化建设是提升教学管理质量和团队凝聚力的重要手段。通过科学合理的文化建设，高等学校可以打造一个积极向上、团结协作的管理团队。

一、明确价值观和使命

（一）确立核心价值观

高等学校应将诚信作为核心价值观之一，教育和引导教学管理人员在工作中始终坚持诚信原则。诚信不仅体现在对待学生和教师的态度上，还体现在对待工作任务和职责的履行上。教学管理人员应做到言行一致、信守承诺，以诚信赢得信任和尊重，营造一个诚信透明的工作环境。教学管理工作常常繁忙且琐碎，需要团队成员具备高度的奉献精神。高等学校应将奉献作为核心价值观之一，鼓励教学管理人员在工作中发扬无私奉献的精神，积极为学校的发展和学生的成长贡献自己的力量。通过树立奉献的榜样，学校可以激励更多的管理人员投入更多的时间和精力。

高等学校应将创新作为核心价值观之一，鼓励教学管理人员不断探索新方法、新思路，积极应对教育环境的变化和挑战。创新不仅体现在教学方法和管理模式的革新上，还包括对工作流程和机制的优化。通过鼓励创新，学校可以推动教学管理工作的不断改进和提升，保持竞争力和先进性。高等学校应将合作作为核心价值观之一，强调团队协作和集体智慧的重要性。教学管理工作涉及多个部门和人员的协同配合，只有通过紧密的合作才能确保各项工作顺利开展。学校应通过组织团队建设活动、设立合作项目等方式，培养和增强教学管理人员的合作意识和能力，营造一个和谐、合作的工作氛围。

高等学校应通过各种形式的培训和教育活动，将核心价值观灌输到每位教学管理人员的思想中。例如，学校可以组织核心价值观的专题讲座和研讨会，邀请专家学者进行讲解和讨论，帮助教学管理人员深入理解和认同这些价值观。同时，学校应将核心价值观融入到日常工作和管理制度中，通过具体的工作要求和行为规范，确保核心价值观的落地实施。高等学校还应通过树立典型和榜样，推广核心价值观。学校可以评选和表彰在工作中表现突出、践行核心价值观的优秀教学管理人员，通过宣传他们的事迹和经验，发挥示范引领作用。可以激励更多的管理人员自觉践行核心价值观，形成良好的工作风尚和团队文化。

为了确保核心价值观的持续影响和深入人心，高等学校应建立长效机制。学校可以设立专门的机构或工作组，负责核心价值观的宣传和推广工作，定期开展相关活动和评估。同时，学校应将核心价值观的考核和评价纳入绩效考核体系，通过奖惩机制，激励教学管理人员自觉践行核心价值观。高等学校在确立核心价值观时，还应充分考虑教学管理队伍的实际情况和需求。通过广泛征求意见和建议，确保核心价值观的制定和实施符合教学管理人员的实际工作情况和心理期望。只有通过科学合理的制定和实施，核心价值观才能真正发挥作用，成为团队文化的基础和行为准则。

确立核心价值观不仅是提升教学管理队伍素质的有效途径，也是推动高等学校整体发展的重要保障。通过明确和推广诚信、奉献、创新、合作等核心价值观，学校可以增强教学管理队伍的凝聚力和战斗力，提升工作效率和管理水平。同时，这些核心价值观的确立和践行，也能够提升学校的社会形象和影响力，为学校的发展创造良好的外部环境。

（二）明确团队使命

高等学校应明确教学管理队伍的使命，以增强团队的责任感和工作动力。清晰的团队使命能够为教学管理人员提供明确的工作方向和目标。"服务教学、支持师生、促进发展"是高等学校教学管理队伍的重要使命。通过明确这一使命，教学管理人员可以更好地理解自己的工作意义和价值，从而更加积极主动地投入工作。高等学校在明确团队使命时，应强调其对学校整体发展的重要性。例如，"服务教学"意味着教学管理人员需要为教师和学生提供优质的服务。这不仅要求管理人员具备高效的工作能力，还需要他们具备高度的责任感和服务意识。管理人员可以更清楚地认识到自己的工作对学校教学质量的影响，从而增强工作动力和责任感。

教学管理人员在日常工作中，应时刻关注师生的需求，提供及时、有效支持和帮助。例如，教学管理人员需要协助教师进行课程安排、教学资源配置、学术交流等工作，同时也要关注学生的学习生活，解决他们在学业和生活中遇到的问题。教学管理人员可以更好地理解自己的角色和职责，从而更加积极地履行工作职责，提升师生的满意度和学校的整体管理水平。高等学校应通过明确这一使命，激励教学管理人员不断追求进步和创新，为学校的发展贡献智慧和力量。例如，教学管理人员需要不断学习和更新知识，提升自身的专业素质和管理能力。同时，他们还需要积极参与学校的各项改革和创新项目，推动学校教学管理工作的不断优化和提升。教学管理人员可以在工作中找到前进的方向和动力，从而更好地服务于学校的发展目标。例如，学校可以通过制定详细的工作计划和目标，将团队使命具体化，落实到每一项具体工作中。教学管理人员可以在日常工作中更好地理解和践行团队使命，从而提升整体工作效率和管理水平。同时，学校还应定期对团队使命的落实情况进行评估和反馈，及时发现和解决工作中存在的问题，不断优化和完善管理机制，确保团队使命的有效实现。高等学校可以通过多种方式宣传和推广团队使命，让每一位教学管理人员都能清晰地认识到团队的共同目标和任务。例如，学校可以通过召开全体会议、发布内部通讯、组织专题培训等形式，向教学管理人员传达团队使命的具体内容和意义。同时，学校还可以通过设立团队奖项、开展团队活动等方式，激励和表彰在工作中积极践行团队使命的优秀管理人员。

团队使命的明确不仅有助于提升教学管理队伍的工作动力，还能够提升学校的整体管理水平和教育质量。例如，通过"服务教学"这一使命，教学管理人员可以更加关注教学工作的实际需求，及时提供有效的支持和服务；通过"支持师生"这一使命，管理人员可以更加关注师生的需求和利益，提供个性化的支持和帮助，提升师生的满意度和幸福感；通过"促进发展"这一使命，管理人员可以更加关注学校的长远发展，积极参与各项改革和创新项目，推动学校整体管理水平和教育质量的不断提升。

二、营造积极向上的文化氛围

（一）弘扬正能量

那些表现突出的管理人员不仅是团队的中坚力量，更是其他成员学习的榜样。通过对他们事迹的宣传，可以让全体管理人员看到优秀管理人员在工作中的努力和成就，激励他们向榜样学习，积极向上。当管理人员的优秀事迹和工作成果得到广泛宣传时，不仅能够增强他们的职业自豪感，还能够让整个团队感受到集体的荣耀。这种集体荣誉感能够有效增强团队的凝聚力，使每个成员都愿意为团队的共同目标而努力工作。可以形成一种积极向上的团队氛围，促进教学管理工作的不断进步和提升。

通过树立榜样，还可以推动团队内部的良性竞争。优秀管理人员的事迹和成果被宣传之后，会激励其他成员在工作中更加努力，争取也能成为被表彰的对象。这种良性的竞争氛围能够有效激发团队成员的潜力和创造力，推动整个团队不断向前发展。同时，学校应通过设立奖励机制，对那些在工作中表现突出的管理人员给予表彰和奖励，以激励更多的成员积极进取。高等学校在宣传优秀管理人员事迹和成果时，应注重宣传的广泛性和持续性。学校可以通过校内新闻、网站、社交媒体等多种渠道，广泛宣传优秀管理人员的事迹和成果，确保全体师生都能够了解到这些优秀典范。同时，学校应定期开展评选和表彰活动，不断挖掘和宣传新的优秀管理人员，保持宣传的持续性和影响力。可以在全校范围内营造一种积极向上、努力进取的良好氛围。

学校还可以通过组织专题讲座、座谈会等形式，让优秀管理人员分享他们的工作经验和心得体会。这种面对面的交流和互动，不仅能够增强宣传的效果，还能够让其他管理人员从中受到启发，学习到实际的工作方法和技巧。通过这种形式的宣传，可以更好地弘扬正能量，激励全体管理人员不断提升自己的工作能力和水平。弘扬正能量不仅有助于提升团队的整体素质，还能够增强团队成员的工作积极性和责任感。优秀管理人员的事迹和成果往往代表着高度的责任心和敬业精神，通过宣传这些事迹，可以让其他管理人员意识到责任感和敬业精神的重要性，激励他们在工作中更加认真负责，努力做好每一项工作任务。可以有效提升整个团队的工作效率和管理水平。

高等学校在弘扬正能量的过程中，还应注重树立多元化的榜样。不同的管理人员在工作中可能有不同的优势和特点，学校应挖掘和宣传这些多样化的优秀事迹，让每一位管理人员都能找到适合自己的学习榜样。例如，某些管理人员可能在教学管理制度创新方面表现突出，而另一些则可能在学生管理和服务方面有独特的贡献。通过树立多元化的榜样，可以满足不同管理人员的学习需求，全面提升团队的整体素质。为了更好地弘扬正能量，学校还应建立长效机制。通过制度化的评选和表彰活动，确保优秀管理人员的事迹和成果能够持续得到宣传和推广。学校可以设立专门的表彰委员会，负责评选、宣传和奖励优秀管理人员的工作，确保这一工作有序、规范地进行。同时，学校应建立完善的档案管理制度，将每一位优秀管理人员的事迹和成果记录在案，形成可供后续学习和参考的宝贵资料。

弘扬正能量不仅仅是宣传和表彰，还需要将这些正能量转化为实际的行动和成果。学校应通过各种培训和学习活动，让管理人员在实际工作中应用所学到的优秀经验和方法，真正提升他们的工作能力和水平。例如，学校可以组织管理人员参加专业培训课程、工作坊等，帮助他们不断学习和进步，将正能量转化为实际的工作动力和成效。

（二）开展团队活动

定期组织团队建设活动，如拓展训练、联欢会等，能够显著增强团队成员之间的情感交流和合作精神。高等学校通过这些活动，不仅可以促进成员之间的互相了解，还可以提升团队的整体凝聚力和工作效率。通过一系列的团队游戏和挑战，拓展训练能够激发团队成员的潜力，提升他们的合作意识和解决问题的能力。这种活动不仅能让成员在轻松愉快的氛围中增进彼此的了解，还能通过共同完成任务，培养团队协作精神和集体荣誉感。在高等学校中，定期组织这样的拓展训练，可以帮助教学管理人员在工作中更加默契地配合平。

通过组织各种形式的联欢会，如节日晚会、趣味比赛、团队聚餐等，团队成员可以在轻松愉快的环境中交流和互动。这种活动能够打破日常工作中的紧张氛围，让成员们在放松中增进感情，形成更加紧密的工作关系。联欢会还可以提供一个展示个人才艺和特点的平台，让每位成员都能感受到被认可和重视，进一步增强团队的凝聚力。在团队活动的组织过程中，高等学校应注重活动的多样性和参与度。不同的活动形式可以满足不同成员的兴趣和需求，例如可以组织体育比赛、文化交流、志愿服务等多种形式的团队活动。通过丰富多彩的活动形式，学校可以吸引更多的成员参与其中，提升活动的效果和影响力。同时，学校应鼓励全体成员积极参与活动，确保每个人都有机会参与到团队建设中，从而增强整个团队的参与感和归属感。

为了保证团队活动的顺利进行和效果，高等学校应制定详细的活动计划和组织方案。在活动前，学校应充分考虑活动的目的、形式、规模和时间，确保活动的组织和安排合理有序。同时，应指定专人负责活动的具体实施和协调，确保每个环节都能够顺利进行。在活动结束后，学校还应进行总结和反馈，了解活动的效果和成员的意见，不断改进和优化活动的组织和内容。团队活动不仅仅是为了增强情感交流和合作精神，还可以为教学管理工作注入新的活力和动力。团队成员可以在工作之外找到共同的兴趣和话题，形成更加紧密的工作关系和沟通渠道。这种良好的关系和沟通对于提高工作效率和解决工作中的问题具有重要意义。同时，团队活动还可以为成员提供一个放松和减压的机会，帮助他们在繁忙的工作中找到平衡和乐趣，提升整体的工作幸福感和满意度。

高等学校还可以通过团队活动，促进不同部门和层级之间的交流与合作。不同部门和层级的管理人员可能缺乏直接的沟通和互动机会，通过组织跨部门和跨层级的团队活动，可以打破这种隔阂，促进不同部门和层级之间的了解和合作。例如，学校可以组织全校范围内的体育比赛、知识竞赛等活动，让来自不同部门和层级的成员组成团队，共同参与竞争和合作，增强整体的团队凝聚力和合作精神。在活动中，学校可以通过设定主题和目标，传递团队的核心价值观和文化理念。例如，在志愿服务活动中，可以培养成员的社会责任感和奉献精神；在创新竞赛中，可以激发成员的创新意识和创造力。团队成员可以在具体的实践中体会和践行团队的价值观，形成一致的文化认同和行为规范。

三、加强培训和职业发展

（一）提供专业培训

高等学校应为教学管理人员提供系统的专业培训，以提升他们的管理能力和专业素质。这种培训不仅可以帮助管理人员不断更新知识和技能，还能使他们更好地适应不断变化的教育环境。系统的专业培训能够全面提升教学管理人员的专业素质。通过科学的培训课程和内容设计，可以帮助他们掌握最新的教育理论和管理方法，增强他们的理论水平和实践能力。这种全面提升不仅有助于提高管理人员的工作效率，还能提升他们的职业自信心和职业认同感。专业培训可以帮助教学管理人员应对教育环境的变化。现代教育环境日新月异，各种新技术、新方法不断涌现。通过定期的专业培训，管理人员可以及时了解和掌握这些新变化，从而在实际工作中灵活应用。例如，信息技术在教育管理中的广泛应用，需要管理人员具备一定的信息技术知识和技能。通过专业培训，管理人员可以熟练掌握各种教育管理软件和平台。

高等学校在设计培训内容时，应注重理论与实践相结合。理论培训可以帮助管理人员系统地学习教育管理的基本理论和方法，增强他们的理论素养和思维能力。而实践培训则可以通过案例分析、模拟演练等方式，使管理人员在实际操作中提高技能和应变能力。例如，通过模拟教学管理场景，管理人员可以在培训中积累实际操作经验，提高处理突发事件的能力。高等学校可以通过课堂讲授、网络课程、研讨会、工作坊等多种形式，提供丰富的培训内容。网络课程可以突破时间和空间的限制，使管理人员随时随地进行学习；研讨会和工作坊则可以通过互动和讨论，增强学习效果和团队合作精神。多样化的培训形式可以满足不同管理人员的学习需求，提升整体培训效果。

除了内部培训，高等学校还应积极引进外部资源，丰富培训内容和形式。通过邀请专家学者进行专题讲座，或者组织管理人员参加国内外的学术交流和考察活动，可以帮助他们开阔视野，了解最新的教育管理动态和发展趋势。例如，高等学校可以与国内外知名高校和教育机构建立合作关系，定期组织管理人员赴外学习和交流，借鉴先进的教育管理经验，提升自身的管理水平和能力。通过学员反馈、考试考核、工作表现等多种方式，对培训效果进行全面评估。通过评估，可以及时发现培训中的不足和问题，不断改进和优化培训内容和形式，确保培训的实际效果。例如，通过定期的培训效果问卷调查，了解学员的培训需求和意见，调整培训计划和内容，使培训更加符合实际工作需要。

为了提升培训的持续性和系统性，高等学校应制定长期的培训规划。通过系统的培训体系设计，使管理人员在不同阶段都能接受相应的培训，逐步提升他们的管理能力和专业素质。例如，可以制定新入职管理人员的入职培训、中层管理人员的进阶培训和高级管理人员的领导力培训等不同层次的培训计划，确保培训的系统性和连贯性。通过建立培训资源库，集中存放各种培训资料和课程资源，方便管理人员随时查阅和学习。同时，可以通过网络平台，建立在线学习社区，促进管理人员之间的交流和学习。通过共享和利用培训资源，可以提升培训的效果和效率，帮助管理人员不断提升自身素质和能力。

通过营造良好的学习氛围，激发管理人员的学习热情和主动性。例如，可以通过设立培训奖励机制，对在培训中表现优秀的管理人员进行表彰和奖励，激励更多的人员积极参与培训。同时，可以通过宣传和推广培训的成功案例和经验，增强管理人员的学习动力和信心，形成良好的培训文化。

（二）制定职业发展规划

高等学校应为每位教学管理人员制定清晰的职业发展规划，以明确其职业晋升路径和发展目标，从而激发他们的职业热情和进取精神。制定职业发展规划能够为教学管理人员提供明确的职业方向和奋斗目标。通过与管理人员的深入沟通和交流，了解他们的职业兴趣和个人目标，学校可以帮助他们制定切实可行的发展规划，使每位管理人员都能看到自己的职业前景和发展路径，从而增强工作积极性和主动性。职业发展规划可以激励教学管理人员不断提升自身的专业素质和管理能力。在制定职业发展规划时，高等学校应结合管理人员的岗位职责和发展需求，为其设计系统的培训和学习计划。例如，可以安排他们参加各类专业培训课程、学术研讨会和工作坊，帮助他们不断更新知识和提升技能。通过系统学习和培训，管理人员可以不断提升自身素质，满足岗位要求，并为职业晋升做好充分准备。

为确保职业发展规划的有效实施，高等学校应建立完善的职业发展评估和反馈机制。通过定期的职业发展评估，了解管理人员的工作表现和发展需求，及时调整和优化职业发展规划。例如，学校可以通过年度绩效考核、职业发展面谈等方式，对管理人员的职业发展情况进行全面评估，了解他们在职业发展过程中遇到的问题和困难，并提供相应的支持和帮助。可以确保职业发展规划的实际效果，帮助管理人员实现职业目标。高等学校还应注重职业发展规划的多样性和个性化。不同管理人员在职业发展过程中可能有不同的目标和需求，学校应根据每位管理人员的具体情况，制定个性化的职业发展规划。例如，对于有志于从事学术研究的管理人员，可以为其提供更多的学术交流和研究机会；对于有意向从事行政管理工作的人员，可以为其设计更为系统的管理培训和实习计划。通过个性化的职业发展规划，可以更好地满足管理人员的职业需求，提升他们的职业满意度和工作积极性。

高等学校应根据管理人员的职业发展阶段和实际需求，制定长期的职业发展规划，并通过系统的职业发展支持，确保管理人员能够在不同阶段都能获得相应的职业发展机会。例如，可以为新入职的管理人员设计入职培训和职业导向课程，帮助他们快速适应工作环境和岗位要求；为中层管理人员提供职业进阶培训和管理实践机会，帮助他们提升管理能力和领导力；为高级管理人员设计高级领导力培训和国际交流项目，帮助他们在更高层次上实现职业发展目标。高等学校在制定职业发展规划时，还应注重资源的合理配置和利用。通过整合校内外资源，为管理人员提供更多的职业发展机会和支持。例如，可以与其他高校和教育机构建立合作关系，组织管理人员参加跨校交流和培训活动；与企业和社会组织合作，提供管理人员到企业实习和挂职锻炼的机会，拓宽他们的职业视野和经验。通过资源的合理配置和利用，可以为管理人员提供更为广阔的职业发展平台，提升他们的职业竞争力和发展潜力。

为了确保职业发展规划的实施效果，高等学校还应建立有效的激励机制。通过设立职业发展奖励制度，对在职业发展过程中表现突出的管理人员进行表彰和奖励，激励更多的人员积极参与职业发展。例如，可以设立职业发展优秀奖、最佳职业进步奖等，奖励那些在职业发展过程中取得突出成绩的管理人员。同时，还可以通过职业晋升、薪酬调整等方式，激励管理人员不断追求进步，实现职业目标。制定职业发展规划不仅有助于提升教学管理人员的职业素质和工作能力，还能够增强他们的职业归属感和满意度。在明确的职业发展规划引导下，管理人员可以看到自己的职业前景和发展路径，增强对学校的归属感和认同感。

四、建立健全的激励机制

（一）设立奖励制度

高等学校应设立完善的奖励制度，以对表现优秀的教学管理人员进行表彰和奖励。设立奖励制度能够有效地提升教学管理人员的工作积极性和动力。通过表彰和奖励那些在工作中表现突出的人员，可以让他们感受到自己的努力得到了认可和重视，从而更加积极主动地投入工作中。奖励制度不仅是一种物质激励，更是一种精神鼓励，使管理人员在工作中更加尽心尽力，追求卓越。在高等学校的教学管理队伍中，优秀管理人员的表现往往具有示范和引领作用。通过对这些优秀人员的表彰和宣传，可以树立榜样，激励其他管理人员向他们学习，努力提升自身的工作水平和能力。榜样的力量是无穷的，可以在团队中形成良好的竞争氛围，推动整个团队的进步和发展。

高等学校在设立奖励制度时，应注重奖励的多样化和全面性。不同类型的奖励可以满足不同管理人员的需求和期望。例如，可以设立年度优秀管理人员奖、最佳创新奖、优秀团队奖等多个奖项，涵盖个人和团队的表现。通过多样化的奖励形式，可以激励不同层次和岗位的管理人员，让每个人都有机会获得奖励和表彰，提升整体的工作积极性和参与度。为了确保奖励制度的公平性和公正性，高等学校应建立科学的评选标准和程序。奖励的评选应以公开透明、公平公正为原则，通过设立明确的评选标准和程序，确保每位管理人员都有平等的机会参与评选。例如，可以通过综合考评、工作绩效、团队评价等多个维度，对管理人员的表现进行全面评估，确保评选结果的客观性和权威性。同时，学校应设立专门的评选委员会，负责奖励评选工作的组织和实施，确保评选过程的公正性和透明度。

高等学校在实施奖励制度时，还应注重奖励的持续性和系统性。奖励不仅应体现在年度总结和表彰大会上，还应贯穿于日常工作中。例如，可以设立月度、季度的优秀管理人员评选，通过定期的表彰和奖励，保持奖励的持续性和激励效果。同时，学校还应建立完善的奖励档案管理制度，详细记录每位获奖人员的表现和贡献，形成系统的奖励档案，为后续的评选和奖励提供参考依据。奖励制度不仅应关注物质奖励，还应注重精神激励。物质奖励如奖金、礼品等，可以直接提升管理人员的经济收入和生活水平，而精神激励则能够增强他们的荣誉感和成就感。例如，可以通过颁发荣誉证书、设立荣誉榜、发布宣传报道等方式，提升管理人员的社会地位和影响力。通过物质奖励和精神激励的结合，可以最大限度地激发管理人员的工作热情和创造力。

高等学校在实施奖励制度的过程中，还应注重奖励的广泛性和代表性。奖励应覆盖不同部门和岗位的管理人员，确保每个岗位和层次的人员都有机会获得奖励和表彰。例如，可以设立部门奖、团队奖、个人奖等多个奖项，涵盖教学管理的各个方面。通过广泛的奖励覆盖，可以调动各个岗位和层次管理人员的积极性，形成全员参与、共同进步的良好局面。为了提升奖励制度的实际效果，高等学校应不断优化和改进奖励机制。通过定期的评估和反馈，了解奖励制度的实施效果和存在的问题，及时调整和完善奖励机制。例如，可以通过问卷调查、座谈会等形式，听取管理人员对奖励制度的意见和建议，不断改进和优化奖励标准和程序，确保奖励制度的科学性和有效性。

通过奖励制度的实施，帮助管理人员明确职业发展目标和方向，激励他们不断提升自身素质和能力。例如，可以将奖励与职业晋升、培训机会等相结合，通过奖励优秀管理人员提供更多的职业发展机会，帮助他们在职业发展道路上取得更大的成就。可以进一步增强奖励制度的激励效果，提升管理人员的职业满意度和工作积极性。

（二）多元化激励方式

精神激励如颁发荣誉证书、提供进修机会等，能够有效提升管理人员的职业荣誉感和成就感。荣誉证书不仅是对管理人员工作表现的认可和表彰，还能提升他们的社会地位和影响力，激励他们在工作中更加积极进取。通过精神激励，管理人员可以在心理上获得满足感和自豪感，从而在工作中更加努力，追求卓越。多元化的激励方式可以满足不同管理人员的个性化需求。每位管理人员在职业发展中都有不同的目标和期望，通过多样化的激励方式，可以更好地满足他们的需求，提升整体的工作积极性和满意度。例如，对于有志于提升学术水平的管理人员，可以提供进修机会，支持他们参加各类专业培训、学术研讨会和继续教育课程，帮助他们不断提升自身素质和能力。可以激发管理人员的学习热情和进取精神，推动整体管理水平的提升。

高等学校还可以通过设立专项奖励基金，为管理人员提供多种形式的激励。例如，可以设立科研奖励基金，鼓励管理人员积极参与科研项目，提升科研能力和水平；设立教学创新奖励基金，激励管理人员在教学管理中不断创新。通过这些专项奖励基金，可以为管理人员提供更多的职业发展机会和支持，满足他们的多样化需求，增强职业满意度和归属感。为了确保多元化激励方式的实际效果，高等学校应建立科学的激励评估机制。了解不同激励方式的实施效果和存在的问题，及时调整和优化激励机制。例如，收集管理人员对激励方式的意见和建议，不断改进和完善激励机制，确保激励措施的科学性和有效性。可以提升激励的实际效果，激发管理人员的工作积极性和创造力。

高等学校在实施多元化激励方式时，还应注重激励的持续性和系统性。同时，学校还应建立完善的激励档案管理制度，形成系统的激励档案，为后续的激励和评选提供参考依据。为了提升激励措施的多样性和吸引力，高等学校还可以与外部机构合作，拓宽激励渠道。例如，可以与国内外知名高校和教育机构合作，提供管理人员出国交流学习的机会。通过与外部机构的合作，可以为管理人员提供更多的职业发展平台。精神激励不仅有助于提升管理人员的职业荣誉感和成就感，还能够增强他们的团队归属感和凝聚力。通过设立团队奖项和组织团队活动，可以增强管理人员之间的合作精神和团队意识，提升整体的团队凝聚力和战斗力。例如，可以设立最佳团队奖，表彰那些在工作中表现突出的团队，通过团队表彰和奖励，激励更多的团队成员积极参与团队合作，共同实现团队目标。

五、加强沟通与交流

（一）建立畅通的沟通渠道

管理人员可以互相交流工作进展，提出问题和建议。这不仅有助于团队内部的信息透明，还能提高工作效率，确保各项任务的顺利进行。工作会议还可以为管理人员提供一个表达自己意见和想法的平台，使他们感受到被重视和认可，从而增强工作积极性。在座谈会上，管理人员可以在轻松的氛围中畅所欲言，分享工作中的感受和困惑，增进彼此之间的了解和信任。通过这种非正式的交流，管理人员可以更好地理解和支持彼此，形成更加紧密的团队关系。同时，座谈会也为领导层提供了一个倾听下属声音的机会，及时掌握管理人员的需求和困难，帮助他们解决实际问题。

高等学校应重视多层次、多形式的沟通机制。除了传统的会议和座谈会外，还可以利用现代信息技术手段，如电子邮件、在线交流平台等，建立多元化的沟通渠道。例如，通过设立内部交流平台，管理人员可以随时随地进行信息分享和交流，解决工作中的问题。这种实时的沟通方式不仅提高了信息传递的效率，还能够促进跨部门之间的合作和协调。为了确保沟通渠道的畅通，高等学校应制定明确的沟通制度和流程。例如，规定定期召开全体管理人员会议，确保重要信息能够及时传达给每一位管理人员。同时，学校应设立专门的沟通协调部门，负责组织和管理各类沟通活动，确保沟通渠道的畅通和高效运行。通过制度化的管理，沟通渠道的畅通性和有效性可以得到保障，从而提升整体管理效率。

沟通渠道的畅通不仅有助于信息的及时传递，还能够增强管理人员的归属感和责任感。管理人员可以更好地了解学校的发展方向和目标，增强对学校的认同感和归属感。同时，沟通的过程中，管理人员可以充分表达自己的意见和建议，参与到学校的决策过程中，增强他们的主人翁意识和责任感。高等学校在建立沟通渠道时，还应注重沟通内容的多样性和实用性。除了工作任务的沟通外，还应关注管理人员的心理和情感需求。例如，可以在座谈会中增加一些互动环节，如团队建设活动、心理辅导等，帮助管理人员缓解工作压力。同时，学校应及时反馈管理人员提出的意见和建议，采取有效措施解决他们遇到的问题，增强沟通的实效性和可信度。

为了提升沟通渠道的效果，高等学校还应不断改进和优化沟通机制。了解沟通渠道的使用情况和存在的问题，及时调整和优化沟通方式。例如，可以通过问卷调查、意见箱等方式，收集管理人员对沟通渠道的意见和建议，不断改进和完善沟通机制。通过这种持续改进，可以提升沟通渠道的实际效果，增强管理人员的工作满意度和归属感。高等学校还应注重跨部门的沟通与协作。不同部门之间的沟通和协调对于整体管理水平的提升至关重要。通过建立跨部门的沟通机制，如联合工作组、跨部门会议等，可以促进各部门之间的信息共享和合作，提升整体工作效率和管理水平。同时，跨部门的沟通与协作还可以增强不同部门之间的理解和信任，形成更加紧密的合作关系，共同推动学校的发展和进步。

沟通渠道的建立还应关注长远的可持续发展。高等学校应制定长期的沟通规划，确保沟通机制的持续性和有效性。例如，可以设立定期的沟通评估机制，了解沟通渠道的使用情况和效果，及时调整和优化沟通机制。同时，学校应加强沟通文化的建设，通过营造良好的沟通氛围，提升管理人员的沟通意识和能力，确保沟通渠道的长期畅通和高效运行。

（二）设立意见反馈机制

高等学校应设立多样化的意见反馈机制，如意见箱、在线反馈平台等，积极鼓励教学管理人员提出意见和建议。设立意见箱是建立直接沟通桥梁的有效方式。通过在学校各个关键位置设置意见箱，管理人员可以随时将他们的想法和建议写下，无需担心随意，这样可以更好地发挥他们的创意和智慧，提升学校的整体管理水平。通过建立专门的在线平台，如专用邮箱或反馈系统，管理人员可以方便地在任何时间提出意见和建议，并且可以及时收到反馈。这种便捷和高效性不仅增强了管理人员的参与感和主人翁意识，还能够促进问题的及时解决，提升工作效率和满意度。

高等学校应重视意见反馈机制的实效性和透明度。例如，建立专门的意见反馈团队或机构，负责收集、整理和分析管理人员提出的意见和建议，确保每一个意见都能够得到及时回复和处理。同时，学校应公开透明地处理各类意见反馈，向管理人员展示其意见被重视和采纳的具体措施，增强他们的信任和参与的积极性。为了进一步加强意见反馈机制的效果，高等学校还可以采取多种措施。例如，定期组织意见反馈会议或工作坊，邀请管理人员参与讨论和决策，共同探讨和解决学校管理中的重要问题。这种参与式的反馈机制不仅能够增强管理人员的主动性和责任感，还能够促进团队之间的合作和协作，推动学校管理工作的创新和进步。

在意见反馈机制的建设过程中，高等学校还应注重文化建设和氛围营造。通过营造开放包容的沟通文化，鼓励管理人员敢于提出不同意见和建议，积极参与学校的决策和改革过程。同时，学校应通过表彰先进、激励提升等方式，积极宣传和推广优秀意见反馈案例，树立良好的示范效应，推动整体意见反馈机制的不断优化和提升。高等学校还应不断优化和完善意见反馈机制。了解意见反馈机制的使用情况和效果，及时调整和改进机制的设计和运行。例如，可以定期进行意见反馈机制的满意度调查，收集管理人员对反馈效果的评价和建议，以便进一步优化和提升机制的实效性和可持续性。

六、注重人文关怀

(一) 关心员工身心健康

高等学校在关注教学管理人员的身心健康方面有着重要的责任和使命。通过设立专业的心理辅导团队或机构，为教学管理人员提供个性化的心理咨询和支持服务，帮助他们有效应对工作压力和挑战，保持心态平衡和积极的工作态度。这不仅有助于提升管理人员的工作效率，还能够增强他们的工作满意度和生活质量。

关注员工身心健康需要从预防和干预两个方面同时进行。预防方面，学校可以定期开展健康教育和心理健康培训，增强管理人员的心理抗压能力和自我调节能力，使其具备应对工作压力的心理准备。同时，通过定期的身体健康检查和健康评估，及时发现和预防潜在的健康问题，保障管理人员身体健康的同时，也能有效预防和减少工作相关的健康风险。高等学校还应注重营造积极健康的工作环境和文化氛围。通过倡导工作生活平衡，合理安排工作任务和休息时间，减少加班和超负荷工作的情况发生，有助于管理人员保持良好的身心状态和高效的工作表现。此外，建立开放透明的沟通机制，鼓励管理人员随时表达工作和生活中的困惑和需求，及时解决问题，为他们创造良好的工作氛围和情感支持。

高等学校可以通过多元化的健康促进活动，增强管理人员的身心健康。例如，定期组织健身运动、文艺活动、团队建设等活动，既可以缓解工作压力，又能够增强团队凝聚力和合作精神。此外，提供员工健康管理手册和健康保健指导，帮助他们掌握科学健康知识和生活方式，自我管理身心健康，有效预防和应对常见的健康问题。

(二) 组织文化关怀活动

高等学校通过组织多样化的文化关怀活动，为教学管理人员营造温馨和谐的工作氛围，展现对团队成员的关怀和支持。通过定期举办生日会，学校可以集体庆祝教学管理人员的生日，为他们送上祝福和礼物，让每位成员在生日这个特殊时刻感受到集体的温暖和关心，增强归属感和幸福感。学校可以在重要节日如春节、国庆等举办慰问活动，为教学管理人员送上节日的问候和祝福，通过赠送礼品、举办文艺表演等形式，营造欢乐祥和的节日氛围，让团队成员在节日里感受到学校的关怀和温暖，增强他们的集体荣誉感和自豪感。

学校还可以通过主题团建活动，进一步促进团队成员之间的交流和合作。例如，组织拓展训练、团队游戏等活动，通过团队合作和竞争，增强团队凝聚力和协作精神，培养成员间的信任和默契，为团队的长远发展打下坚实的基础。除此之外，定期举办文化艺术活动如音乐会、文艺演出等，也是营造文化关怀的重要方式。这些活动不仅丰富了教学管理人员的业余生活，还能够提升他们的文化修养和审美情趣，为学校的文化建设贡献力量。

七、营造学习型组织文化

（一）鼓励学习和创新

在高等学校，营造一个积极向上的学习氛围至关重要。教学管理人员作为学术领域的重要组成部分，应当不断地追求知识更新和创新能力的提升。为此，可以采取多种形式和策略来激励他们持续学习和创新。通过组织小组讨论和学术交流，可以促进教学管理人员之间的相互学习和思想碰撞，进而拓宽他们的知识视野和学术深度。定期举办读书会也是一种推动学习与创新的重要方式。读书会不仅可以让教学管理人员共同阅读和讨论重要的学术著作或行业前沿资料，还能够帮助他们在交流互动中发现新的教学理念和管理方法。通过这种形式，不仅可以提升他们的学术造诣，还能够激发出更多创新思维和实践策略。此外，还可以推广跨学科的学术研讨会和工作坊，为教学管理人员提供一个跨界交流的平台。这种交流不仅有助于他们获取其他学科领域的新知识和技能，还能够激发出跨学科合作的创新思维，促进教学管理工作的整体提升和创新发展。

（二）提供学习资源

提供丰富的学习资源对于教学管理人员的自主学习和专业发展至关重要。在当今快速发展的教育环境中，教学管理人员需要不断更新知识和技能，以应对日益复杂的教育挑战和管理需求。专业书籍是他们获取深入理解和实践经验的重要途径。通过阅读权威的教育管理、领导力和教学改革等方面的书籍，他们可以系统地学习最新的理论框架和成功案例，从而在实践中更加得心应手。学术期刊是教学管理人员获取前沿研究和实证数据的重要资源。定期阅读教育管理领域的学术期刊，可以帮助他们跟踪行业趋势、了解最新的研究成果和政策变化，从而及时调整管理策略和实施方案。期刊中的案例分析和理论探讨，为他们提供了与同行交流和学术互动的平台，促进专业知识的深化和拓展。

在线课程作为灵活便捷的学习方式，能够有效支持教学管理人员的持续教育和专业发展。这些课程覆盖了从教育政策制定到教学管理实践的各个方面，不仅提供了理论知识，还通过案例分析和实际操作指导，帮助他们将学到的知识应用于日常工作中。在线平台的互动性和多样化的学习资源，使得教学管理人员可以根据个人需求和时间安排，灵活选择学习内容和深化专业技能。为了进一步促进教学管理人员的自主学习和专业发展，还可以建立和推广专业社群和学术交流平台。这些平台不仅可以促进同行之间的经验分享和合作，还可以通过专家讲座、研讨会和在线论坛，为他们提供持续学习和成长的机会。通过参与专业社群和学术交流，教学管理人员能够扩展人脉、获取行业内部的最新动态，并在实践中不断优化自己的管理能力和领导水平。

八、强化团队合作精神

（一）提倡团队协作

团队协作不仅仅是一种工作方式，更是一种文化和价值观的体现，能够显著提升教学管理人员的工作效率和工作质量。通过鼓励和促进教学管理人员之间的相互支持和合作，高校可以构建一个更加和谐、创新和富有活力的管理团队。通过将教学管理人员分成小组，每个小组负责一个具体的项目或任务，不仅可以充分调动每个成员的积极性和创造力，还能够锻炼团队协作的能力。团队项目的设立不仅限于学术研究或课程开发，还可以涵盖教育管理策略的制定与实施、教师培训与发展等多个方面。通过共同努力完成项目，团队成员能够学习彼此的专业知识和工作方法，提升解决问题和协调资源的能力。

　　通过组织各类竞赛活动，如教学案例分析、教学创新设计等，不仅可以激发教学管理人员的竞争激情，还能够培养他们在压力下有效协作的能力。竞赛不仅是一种锻炼，更是一种展示和交流的平台，促进团队成员之间的互动和学习，推动教学管理工作的创新和进步。团队协作精神的培养还可以通过跨学科和跨部门的合作项目来实现。高校内部的各个部门和学科往往具有各自的专业特长和资源优势，通过跨学科的合作，可以在教学管理中实现资源共享和优势互补。跨部门合作不仅可以促进知识和经验的交流，还能够为教学管理工作带来新的思路和创新点。通过跨学科和跨部门的合作项目，教学管理人员能够拓宽视野，加深对整体教育事业的理解和把握，提升工作的整体效率和影响力。领导者不仅需要制定明确的团队目标和工作规划，还需要激励和激励团队成员，促进他们之间的有效沟通和合作。通过设立奖励机制或者表彰优秀团队的做法，可以有效增强团队成员的归属感和凝聚力，进一步推动团队协作精神的形成和发展。

（二）树立团队荣誉感

　　为提升教学管理队伍的整体凝聚力和工作效能，树立团队荣誉感是至关重要的策略。团队荣誉感不仅能够激励个体成员追求卓越，还能够促进团队内部的协作与合作，共同推动学校教育事业的发展和进步。通过设立具有象征意义的团队荣誉奖项和组织相关的表彰活动，可以有效地增强教学管理队伍的集体认同感和责任感，进而实现更加协调和高效的工作状态。团队荣誉奖项的设立是鼓励教学管理团队追求卓越和创新的重要方式。这些奖项可以包括年度最佳团队奖、优秀团队领导奖、卓越教学管理团队奖等，旨在表彰在教学质量提升、学生成长支持、管理创新等方面取得显著成就的团队。通过评选和颁奖过程，不仅可以公平公正地表彰优秀团队的努力和成就，还能够为其他团队树立榜样和动力，推动整体管理水平的提升和持续改进。

　　组织团队表彰会是强化团队荣誉感的重要环节。这种定期或年度性的活动不仅是一次团队成员之间互相交流和学习的机会，更是展示团队成就和分享成功经验的平台。通过这样的表彰会，团队成员可以共同回顾和总结过去一段时间内的工作成果和挑战，进一步强化团队合作精神和凝聚力。同时，领导层的参与和表扬也能够有效地增强团队成员的自豪感和归属感，激发他们为团队和学校的发展不懈努力。除了奖项和表彰会，建立团队荣誉感还可以通过其他形式的公开表扬和宣传来实现。例如，将优秀团队的工作成果和经验在校内外进行推广和分享，通过校报、校园网站或社交媒体等平台，向更广泛的受众展示团队的专业水平和影响力。这种公开宣传不仅可以提升团队的知名度和影响力，还能够激励团队成员为学校的发展贡献更多智慧和力量。

建立和强化团队荣誉感需要领导者的积极引导和支持。领导者不仅要设定清晰的目标和标准，还要为团队提供必要的资源和支持，确保团队在达成目标的过程中得到充分认可和鼓励。通过领导者的示范和倡导，团队成员可以更好地理解和践行团队价值观和使命，从而形成更加紧密和高效的工作团队，共同追求学校教育事业的卓越和发展。

九、注重文化宣传和推广

（一）加强文化宣传

在高等学校的教学管理中，加强文化宣传是促进团队凝聚力和管理效能的重要手段。通过多种途径如校报、官网、微信公众号等进行文化宣传，可以有效提升教学管理队伍的文化建设成果在校内外的知名度和影响力。这不仅有助于树立积极向上的工作氛围，还能够增强团队成员的归属感和责任感，共同推动学校教育事业的发展和提升。校报作为传统的宣传工具，具有较强的信息传递和沟通效果。通过在校报上刊登教学管理队伍的工作成果、优秀案例和团队活动报道，可以将团队的理念、价值观和成就直观地展示给全校师生和社会公众。这不仅能够增加团队在校内的曝光率，还能够为团队成员树立良好的形象和品牌认知，进一步提升其在学术和管理领域的影响力。

官网作为学校对外宣传的重要平台，具有覆盖面广、更新及时的特点。通过在官网专设教学管理专栏或页面，发布团队成员的专家观点、学术成果和管理经验，可以向全球范围内的访客展示团队的学术水平和管理能力。同时，官网还可以用于发布重要通知和活动安排，促进与师生及外部合作伙伴的互动与交流，从而建立起积极、开放的团队形象和学术声誉。微信公众号作为新兴的社交媒体平台，具有信息传播迅速、互动性强的特点。通过建立和运营教学管理团队的微信公众号，可以与师生、校友及其他利益相关者保持密切联系，分享团队的最新动态、研究成果和管理经验。通过定期更新和精心策划的内容，吸引更多关注者，扩大团队的影响力和影响范围，为团队成员在学术和管理领域的专业形象和影响力提供有力支持。

除了传统的宣传途径，还可以通过组织和参与各类学术会议、专题讲座和公开讲座等活动，进一步推广和宣传教学管理队伍的文化建设成果。这些活动不仅可以促进团队成员与同行之间的学术交流和合作，还能够通过专家的分享和学术讨论，提升团队的学术声誉和影响力。同时，这些活动还能够吸引更多外部专家和合作伙伴的关注，为团队成员的学术研究和管理实践开拓更广阔的合作空间和发展机会。

（二）推广优秀文化经验

推广优秀的文化建设经验是提升学校整体文化水平和教学管理质量的关键策略之一。通过总结和分享成功的文化建设实践，可以形成可借鉴的模式和策略，有效地推动学校文化的深化和发展，提升教学管理工作的效能和影响力。学校文化的建设不仅仅是一种表面上的形象塑造，更是校园内外成员共同理念和行为方式的集合体现。推广优秀的文化建设经验，需要从多个方面进行深入分析和总结。首先，通过案例研究和实地调研，深入了解不同学校或部门在文化建设方面的成功经验和创新实践。这些实践包括但不限于领导层的文化引领、教职员工的参与认同、学生的文化融入以及校友和社会的广泛支持等方面。

在总结优秀文化建设经验的基础上，形成系统化的文化建设模式至关重要。这种模式应该包括明确的目标设定、策略规划、实施路径和评估机制等要素，以确保文化建设工作能够有序推进并取得可持续的成效。例如，可以通过建立文化建设工作小组或委员会，制定详细的工作计划和时间表，分阶段、分层次地推进文化建设工作，确保每一步都能够落地生根，取得实际效果。此外，推广优秀的文化建设经验还需要注重跨学科和跨部门的协同合作。在推广过程中，可以组织多学科的专家团队参与，通过集思广益的方式，汇聚不同领域的智慧和资源，为文化建设提供更为全面和深入的支持。同时，强化与其他学校或机构的交流合作，借鉴和引进国内外先进的文化建设理念和经验，丰富和拓宽文化建设的视野和实施手段。

有效沟通和信息传递是促进文化建设成功的重要保障。除了传统的会议和讲座，还可以利用现代化的信息技术和平台，如网络研讨会、在线论坛和社交媒体等，扩大推广的影响范围和受众群体。通过多样化的传播方式，将优秀的文化建设经验深入到每一个学校成员和社会大众的心中，形成共识和动力，推动整体文化水平的稳步提升。

第三节　高等学校教学管理队伍工作环境的改善策略

一、设施与资源的优化

（一）现代化办公设施

为了提升工作效率和员工满意度，舒适和安静的办公环境至关重要。高性能电脑、打印设备以及视频会议系统等现代化工作工具的配备，不仅令员工工作更为便捷，也有助于提升整体工作效率。在这样的办公环境中，员工可以更专注于工作任务，减少外界干扰，从而更高效地完成工作。在现代化办公设施的支持下，员工的工作体验得到了显著提升。例如，高性能电脑的运行速度和处理能力大大加快了数据处理和分析的过程，使得员工能够更快速地完成复杂的工作任务。此外，先进的打印设备不仅能够快速输出文件，还能保证打印质量，提升了办公效率。而视频会议系统的应用，则使得远程协作变得更加便捷和高效，员工可以随时随地与团队成员进行实时沟通和协作，促进了工作流程的顺畅进行。

办公设施的现代化不仅仅是为了提升工作效率，更是为了营造一个良好的工作氛围和员工体验。一个舒适和安静的办公环境，可以有效减少员工的工作压力和焦虑感，提升其工作的专注度和生产力。现代化设备和工具的使用，使得员工在工作中更加轻松自如，能够更好地发挥个人潜力和创造力，从而为企业创造更大的价值。

（二）教学资源支持

为确保教学管理队伍能够有效开展工作，提供充足且便捷的教学资源支持至关重要。图书馆资源、在线数据库以及教学设备等，不仅为教学管理人员提供了必要的信息和工具，还促进了教学质量的提升和教学管理工作的顺利进行。教学管理队伍的顺利运作离不开充足的图书馆资源支持。图书馆作为知识和信息的宝库，提供了广泛的学术资源和专业文献，为教学管理人员的教学研究和课程设计提供了重要的支持。通过充分利用图书馆的资源，教学管理人员可以深入研究教学方法、教材选择和课程设计，为学生提供更加丰富和有效的教育内容。

在线数据库涵盖了各个学科领域的最新研究成果和学术期刊文章，为教学管理人员提供了即时和全面的信息支持。通过在线数据库，教学管理人员可以及时获取到最新的教育政策和教学理论，了解行业发展趋势，从而更好地指导教师和学生，推动学校教育质量的持续提升。教学设备的现代化和便捷使用，进一步增强教学管理的效率和效果。现代教学设备如智能课堂设备、多媒体教学工具等，不仅提升了课堂教学的互动性和趣味性，也为教学管理人员提供了更多的教学展示和交流平台。教学管理人员可以通过这些设备进行教学内容的实时展示和讲解，与教师进行即时互动和反馈，促进了教学管理的信息传递和教学质量的提升。

二、工作氛围的营造

（一）开放和包容的文化

开放和包容的工作文化是一个组织中非常重要的价值观和行为准则。这种文化倡导员工之间开放的沟通和包容的态度，不仅有助于建立良好的团队精神，也能够有效促进合作与创新的发生与发展。在一个开放和包容的工作文化中，每位员工都被鼓励分享自己的想法和经验。这种分享不仅限于工作内容，还包括对组织运作和发展的建议与反馈。通过开放的沟通渠道和包容的工作氛围，员工能够更自由地表达观点，参与到组织决策和解决问题的过程中。这种参与感和归属感不仅增强了员工的工作满意度，还有助于凝聚团队的凝聚力和合作精神。

开放和包容的工作文化还能有效促进合作。在这样的文化氛围中，团队成员更倾向于互相支持和协作，共同解决问题和完成任务。通过开展团队活动、项目合作和知识共享，团队成员能够更好地利用彼此的优势，形成协同效应，推动工作的顺利进行和成果的最大化。此外，开放和包容的文化也是创新的重要推动力量。当员工感到他们的观点和建议被尊重和采纳时，他们更有动力提出新的想法和方法。这种创新精神不仅有助于解决日常工作中的挑战，还能够推动组织在市场竞争中保持领先地位。通过持续的创新，组织能够不断适应和引领市场变化，实现持续发展和增长。

（二）正向反馈与认可

建立正向反馈与认可的机制对于提升员工的工作满意度和归属感至关重要。这种机制不仅仅是一种管理手段，更是一种激励和激励的文化建设，有助于营造积极向上的工作氛围和团队精神。通过及时、诚挚赞扬和认可，可以有效地激发员工的工作动力和创造力。正向反馈不仅仅是对优秀表现的一种鼓励，更是对员工努力和成就的肯定。这种肯定不仅仅局限于业绩突出，还包括团队合作、创新贡献和服务精神等方面，从而全面激发员工的潜力和积极性。

通过建立正向反馈机制，组织能够增强员工的工作满意度。当员工感受到他们的努力和贡献得到认可和赞赏时，他们的工作体验和满意度显著提升。这种正向的工作体验不仅使员工更加乐于投入工作，还有助于降低员工的离职率，保持组织的稳定性和持续发展。除了提升工作满意度外，正向反馈与认可还能增强员工的归属感。当员工感受到组织对他们的重视和信任时，他们更愿意将组织视为自己的一部分，并投入更多的心力去推动组织的发展。这种归属感不仅促进了团队的凝聚力和协作效率，也有助于形成良好的企业文化和品牌形象，进而吸引和留住更多优秀的人才。

三、职业发展与培训支持

（一）持续的职业发展计划

为了激励员工的长期发展和学习，提供个性化的职业发展计划和支持显得尤为重要。这种计划不仅仅是为了员工个人的职业成长，更是为了组织的长远发展和员工的整体满意度。个性化的职业发展规划是一种有效的管理策略。通过了解和分析员工的职业目标、兴趣爱好和技能需求，可以为他们量身定制适合的发展路径。这种个性化的规划不仅仅关注于技能提升和职称评定，还包括项目参与、跨部门交流和领导力培养等多方面内容。员工可以在工作中不断挑战自我、拓展能力，从而实现个人职业目标和成就感。

提供个性化的职业发展支持，不仅能够激励员工的学习热情，还能够增强其对组织的忠诚度和归属感。当员工感受到组织为他们未来职业发展所做的投入和支持时，他们更愿意与组织共同成长，为组织的目标和使命贡献力量。这种积极的工作态度和高度的投入感，不仅有助于提升团队的整体绩效，还能够吸引更多优秀的人才加入组织中来。持续的职业发展计划也有助于组织保持竞争优势。通过不断提升员工的技能和知识水平，组织能够适应快速变化的市场环境和行业竞争。具备高素质和专业能力的团队，能够更好地应对挑战和机遇，为组织的持续发展打下坚实的基础。

（二）专业培训与学术交流

定期组织专业培训课程和学术交流会议对于帮助员工跟上最新的教学管理趋势和技术发展至关重要。这不仅是一种提升员工专业能力的有效途径，更是组织持续发展和创新的重要保障。通过定期举办针对性强、内容丰富的培训课程，员工可以深入学习和掌握最新的教学管理理论和实践技能。这些课程不仅涵盖了教学方法、课程设计和评估技术，还包括了教育科技应用、学生心理健康等多方面内容。通过参与培训，员工不仅能够提升专业知识和技能水平，还能够增强解决问题和应对挑战的能力。

除了专业培训，定期举办学术交流会议也是推动教学管理领域进步的重要手段。这些会议不仅为员工提供了分享研究成果和教学实践经验的平台，还能够促进跨学科、跨部门的合作和交流。通过学术交流，员工可以了解到不同领域的最新研究进展和教学创新，激发创造力和探索精神，从而推动教学管理工作的创新和发展。专业培训课程和学术交流会议的举办，不仅有助于提升员工的专业素养和工作能力，还能够增强组织的竞争力和影响力。通过与行业内外专家的互动和交流，员工能够拓宽视野、开拓思路，为组织带来更多的创新和发展机会。这种持续的学习和知识更新，不仅有助于员工个人的成长，也能够为组织的长远发展注入持续的活力和动力。

四、工作生活平衡的支持

（一）灵活的工作安排

灵活的工作安排是现代企业为了满足员工个人和家庭需求，提升工作生活平衡的重要手段。通过提供灵活的工作时间安排和远程工作选项，企业能够有效地增强员工的满意度和工作积极性。在当前快节奏的工作环境中，灵活的工作时间安排显得尤为重要。每个员工的生活情况和需求各不相同，传统的固定工作时间往往难以满足所有员工的需求。通过实施灵活的工作时间制度，员工可以根据自身的生活安排选择适合的工作时间，从而减少生活和工作的冲突。比如，有些员工可能更适合早上工作，而有些则在晚上更为高效，这样的安排不仅能发挥员工的最佳状态，还能提升整体的工作效能。

远程工作已经成为可能且日益普及。远程工作不仅能够减少通勤时间和成本，还能够让员工在更为舒适和熟悉的环境中工作，从而提高工作质量和效率。此外，远程工作的实施也有助于企业吸引和保留更多优秀的人才，特别是那些因为地理位置限制或家庭原因无法全职在办公室工作的员工。灵活的工作安排不仅仅是为了员工的个人利益，实际上也能为企业带来诸多好处。首先，灵活的工作安排可以降低员工的离职率，减少企业在招聘和培训新员工上的成本。其次，通过提升员工的工作满意度和生活质量，企业能够激发员工的工作热情和创造力，进而提升整体的工作绩效。最后，灵活的工作安排还可以帮助企业更好地应对突发事件和不确定性，例如在疫情期间，远程工作成为保障业务连续性的重要手段。

（二）健康与福利保障

提供全面的健康与福利保障是企业提升员工工作满意和生产力的重要举措。

这不仅体现了企业对员工的关怀，还能有效促进员工的身心健康，进而为企业创造更大的价值。健康保险不仅能够减轻员工在面临疾病或意外时的经济负担，还能提高员工对企业的忠诚度和归属感。当员工知道自己在健康问题上有保障时，他们的工作压力会减轻，能够更专注于工作任务，进而提升工作效率和生产力。健康保险覆盖的范围越广，员工的安心感越强，企业在竞争激烈的人才市场中也更具吸引力。

除了健康保险，提供健身俱乐部会员资格等福利待遇也是关心员工身心健康的重要方式。现代工作环境中，久坐和高强度的工作常常导致员工出现健康问题。通过提供健身俱乐部会员资格，企业鼓励员工积极锻炼身体，保持健康的生活方式。定期的身体锻炼不仅能够增强体质、预防疾病，还能够缓解压力、提高心理健康水平。当员工保持良好的身体和心理状态时，他们在工作中的表现自然会更为出色。企业关注员工的身心健康，不仅能够提升整体工作满意度，还能够显著提高生产力。健康的员工精力充沛，工作效率高，错误率低，能够更好地完成工作任务。而且，当员工感受到企业对其健康和福利的关注时，他们会更加努力工作，以回报企业的关怀和支持。这种良性循环不仅有助于提升员工个人的工作表现，也能够推动整个团队和企业的进步和发展。

此外，全面的健康与福利保障还能够有效降低员工的流动率。高流动率不仅增加了企业的招聘和培训成本，还会对团队稳定性和工作效率造成负面影响。通过提供有吸引力的健康和福利待遇，企业可以有效留住优秀员工，增强团队的稳定性和凝聚力。一个稳定的团队不仅能够更高效地完成工作任务，还能够在长期合作中不断提升工作效率和创新能力。

第四节 高等学校文化建设对教学管理队伍的影响

一、提升教学管理人员的归属感和认同感

明确的学校使命、愿景和价值观是文化建设的核心，这些元素不仅能够为教学管理人员提供方向感和目标感，还能够增强他们对学校的认同感和归属感。当教学

管理人员深刻理解并认同学校的使命和愿景，他们会更加积极地投入日常工作中，致力于实现学校的长远发展目标。文化建设首先通过明确学校的使命来引导教学管理人员的行为和决策。学校的使命通常涵盖了教育目标、社会责任和学术追求等多个方面，这些使命为教学管理人员提供了一个明确的工作框架和行动指南。当教学管理人员清楚地知道他们的工作是为了实现这些重要使命，他们会更加专注和努力地开展工作，进而增强对学校的归属感和认同感。

学校的愿景描绘了学校未来的发展方向和目标。这种长远的规划不仅为学校的发展提供了蓝图，也为教学管理人员树立了奋斗的方向。当教学管理人员了解并认同学校的愿景，他们会更有动力去追求卓越，为学校的发展贡献自己的智慧和力量。这样的愿景能够激发教学管理人员的工作热情，使他们更加积极主动地参与到学校的各项建设中去。价值观不仅反映了学校对教育、学生和社会的基本态度，也规定了教学管理人员在工作中应遵循的行为准则和道德标准。当教学管理人员认同并践行学校的价值观，他们会在日常工作中表现出更高的职业操守和责任感。这样的价值观认同不仅提升了教学管理人员的归属感，也增强了他们对学校的忠诚度和责任感。

高等学校的文化建设还通过各种形式的活动和仪式来强化教学管理人员的归属感和认同感。例如，定期举办的校庆活动、学术交流会和团队建设活动，不仅可以增强教学管理人员之间的凝聚力，还可以使他们更加深刻地感受到学校文化的魅力和重要性。教学管理人员能够更加紧密地联系在一起，共同分享工作中的挑战和成就，进而增强对学校的归属感。学校领导通过自身的行为和决策，向教学管理人员传递学校的使命、愿景和价值观。当教学管理人员看到学校领导以身作则，践行学校的文化，他们会更容易受到感染和激励，从而更加认同和遵循学校的文化理念。

进一步来说，文化建设还包括创建一个包容和尊重的工作环境。教学管理人员可以自由地表达自己的观点和建议，感受到被尊重和重视。这种包容和尊重的氛围不仅提升了教学管理人员的工作满意度，也增强了他们对学校的归属感和认同感。高等学校的文化建设还可以通过持续的职业发展和培训来增强教学管理人员的归属感。通过提供丰富的学习机会和职业发展路径，学校可以帮助教学管理人员不断提升自己的专业能力和职业素养。这种持续的支持和关怀，使教学管理人员感受到学校对他们的重视和培养，从而增强了他们对学校的忠诚度和归属感。

二、促进教学管理人员的专业发展

学校文化对促进教学管理人员的专业发展具有重要意义，尤其是当文化强调学术自由、创新和持续学习时。这样的文化环境能够激励教学管理人员不断追求专业成长，使其在职业生涯中获得持续进步和提升。学术自由是学校文化的重要组成部分，它为教学管理人员提供了探索和研究的空间。学术自由的环境鼓励教学管理人员大胆提出新想法、进行创新实验，并在实践中不断完善自己的理论和方法。这种自由度不仅能够激发他们的创造力，还能使他们在学术领域取得更大的突破，从而提升专业水平。

在强调创新的文化氛围中，教学管理人员被鼓励去探索新的管理模式、教学方法和技术应用。通过不断创新尝试，教学管理人员可以积累丰富的经验和知识，提升自身的管理能力和教学水平。同时，创新文化还促使他们时刻关注教育领域的最新发展和趋势，不断更新自己的知识储备，保持专业的前沿性。学校文化如果重视持续学习，便会为教学管理人员提供丰富的学习资源和机会。通过组织各种培训课程、学术研讨会和专业讲座，学校可以帮助管理人员不断提升自身的专业素养和实践能力。这些学习机会不仅有助于他们掌握最新的教育理论和技术，还能促进其在实际工作中的应用和创新。

通过营造良好的学术氛围，学校可以提供丰富的培训机会，帮助管理人员不断提升自己的专业技能和知识水平。培训课程不仅包括传统的教学方法和管理技巧，还涵盖了现代教育技术和新兴教育模式的应用。教学管理人员能够更好地应对教育环境的变化和挑战，提升自身的职业竞争力。学术交流平台是学校文化建设的重要组成部分，这些平台为教学管理人员提供了分享经验、交流观点和合作研究的机会。管理人员可以开阔眼界，了解不同领域的研究成果和实践经验，从而丰富自己的知识体系。学术交流还促进了跨学科合作，使教学管理人员能够借鉴其他学科的研究方法和理论，提升自身的研究能力和创新水平。

学校通过投入充足的科研经费、提供先进的研究设备和丰富的文献资源，能够支持教学管理人员开展高水平的科研活动。这些资源不仅为他们的研究提供了坚实的物质基础，还能激发他们的科研兴趣和热情，促进其在专业领域的深入探索和突破。学校文化强调的学术自由、创新和持续学习，不仅有助于提升教学管理人员的专业能力，还能增强其职业成就感和满意度。当管理人员在一个支持和鼓励成长的环境中工作时，他们的工作积极性和创造力会显著提升，从而为学校的整体发展做出更大的贡献。此外，学校文化建设还应关注教学管理人员的职业发展路径，通过制定明确的职业发展规划和晋升机制，帮助他们在职业生涯中不断进步。明确的职业发展路径能够为管理人员提供清晰的奋斗目标和发展方向，使其在职业道路上不断前行。

三、增强团队协作精神

通过营造这样的文化氛围，学校能够有效地促进教学管理人员之间的协同工作，使他们在解决教学和管理中的各种问题时表现得更加出色，从而提高整体工作效率和效果。团队合作不仅能够使个体的优势得到充分发挥，还能通过集体智慧解决复杂的问题。通过共同努力，教学管理人员能够找到更加高效和创新的解决方案，推动学校各项工作的顺利进行。

互助精神在学校文化中的体现，可以增强教学管理人员之间的信任和支持。当管理人员感受到来自同事的支持和帮助时，他们工作积极性也会随之提高。这种互助精神不仅能营造一个温馨和谐的工作环境，还能促进信息和经验的共享，使每位管理人员都能够从团队中受益。开放的沟通渠道使得教学管理人员可以自由地表达自己的想法和建议，促进团队内部的信息流动和相互理解。通过频繁的沟通和交流，管理人员能够及时发现并解决工作中的问题，避免因信息不对称而导致的误解和冲突，从而提升整体工作效率。

在团队合作和互助精神的氛围中，教学管理人员的工作满意度和归属感也会显著提升。当他们感受到自己是团队中的重要一员，并且自己的贡献得到了认可，他们会更加积极地参与到团队合作中去。这样的积极心态不仅有助于个人的职业发展，还能提升整个团队的工作表现。学校文化的建设还可以通过各种团队活动来加强协作精神。例如，定期组织的团队建设活动、集体培训和项目合作等，都是增强团队凝聚力和协作能力的重要手段。这些活动不仅能够加强教学管理人员之间的关系，还能提高他们在实际工作中的合作能力，使团队在面对挑战时表现得更加坚强有力。

学校文化中对团队合作和互助精神的重视，还能培养教学管理人员的领导力和协调能力。在参与团队合作的过程中，管理人员能够学习到如何有效地领导和协调团队，如何处理团队中的冲突和分歧。这些能力的提升，不仅有助于他们在当前岗位上的表现，还能为他们未来的职业发展打下坚实的基础。在一个注重团队合作和互助精神的学校文化中，教学管理人员的工作绩效和创新能力也会得到显著提升。团队合作带来的多样化视角和思维碰撞，能够激发管理人员的创造力，使他们在工作中不断创新，提出更多有价值的建议和方案。这种创新能力不仅能提高日常工作的效率和质量，还能为学校的长远发展提供源源不断的动力。

四、提高工作满意度和幸福感

营造良好的工作环境和人际关系能够直接影响教学管理人员的工作体验和职业态度。当管理人员感受到尊重、支持和关怀时，他们不仅会更愿意长期留在学校工作，还会全力以赴地投入教学管理中。一个舒适、整洁和功能齐全的工作场所，可以极大地提高管理人员的工作效率和满意度。合理的办公布局、先进的办公设备和丰富的资源支持，使得管理人员在工作中更加得心应手，从而提升他们的职业成就感和幸福感。

和谐的人际关系不仅能营造一个友好和包容的工作氛围，还能增强团队的凝聚力和合作精神。通过团队合作和互助，管理人员能够更有效地完成工作任务，体验到工作中的成就感和满足感。管理人员在工作中如果能够感受到学校对其工作的认可和尊重，他们的自我价值感会显著提升。这种尊重不仅体现在语言和行为上，还包括对其专业意见和决策的重视。当管理人员的专业能力和贡献得到认可时，他们会更加积极地投入工作，愿意为学校的发展尽心尽力。

学校通过提供各种支持措施，如职业发展培训、心理健康辅导和工作生活平衡政策，能够帮助管理人员更好地应对工作和生活中的挑战。这种全方位的支持和关怀，使管理人员感受到学校对其全面发展的重视，从而增强其归属感和忠诚度。此外，文化建设还应注重建立公平和透明的激励机制。通过公正的绩效评估和奖励制度，学校可以激励管理人员不断追求卓越。公平的激励机制不仅能提升管理人员的工作积极性，还能增强他们的工作满意度和幸福感。管理人员在一个公平、公正的环境中工作，会更加愿意发挥自己的潜力，为学校贡献更多。

通过提供丰富的培训课程、学术交流平台和职业晋升路径，学校可以帮助管理人员不断提升专业能力和职业素养。这种持续的发展机会，使得管理人员在职业生涯中不断成长，感受到职业成就和个人发展的双重满足。领导的管理风格和行为方式直接影响着管理人员的工作体验和情感态度。通过以身作则、关心员工、鼓励创新，学校领导能够为管理人员树立榜样，营造一个积极、健康的工作环境。管理人员会感受到学校领导的关怀和支持，从而更加积极地投入工作。

五、推动教学管理创新

当学校文化重视创新和变革时，教学管理人员会受到激励，积极探索新的管理方法和工具。这种创新驱动的文化环境不仅提升了教学管理的效率和科学性，还显著提高了学校的整体教学质量。当学校倡导创新时，管理人员会更加勇于打破常规，尝试新的思路和方法。这种勇于尝试的精神，使得管理人员能够在工作中发现和解决问题，提升管理工作的灵活性和适应性。例如，通过引入现代化的信息技术和管理软件，管理人员可以实现数据的高效管理和决策支持，从而优化教学资源配置和教学流程。

文化建设中对变革的重视，可以帮助教学管理人员适应不断变化的教育环境。在当前全球化和信息化的背景下，教育环境和教学需求也在不断变化。通过培养管理人员的变革意识和能力，学校可以确保其管理团队能够迅速响应和适应这些变化。例如，通过开展变革管理培训和工作坊，学校可以帮助管理人员掌握变革管理的理论和实践，提高其在变革中的领导力和执行力。高等学校的教学管理涉及多个学科和部门，创新文化能够促进不同学科和部门之间的交流与合作。通过这种跨界合作，管理人员可以借鉴和整合不同领域的最佳实践和创新成果。例如，管理人员可以与教育技术专家合作，开发和实施新的教学工具和平台，提升教学效果和学生学习体验。

文化建设中的创新理念，也能够促进教学管理的持续改进和优化。在一个重视创新的环境中，管理人员会不断反思和评估现有的管理方法和流程，寻找改进的机会和路径。通过持续改进和优化，教学管理工作可以更加高效和科学。例如，管理人员可以通过定期的反馈和评估机制，及时发现和解决教学管理中的问题，不断优化管理流程和方法。同时，重视创新和变革的文化建设，还能够提升教学管理人员的专业素养和职业发展。通过提供丰富的培训和学习机会，学校可以帮助管理人员掌握最新的管理理论和技术，提升其专业能力和职业竞争力。例如，通过组织管理人员参加国内外的学术会议和培训课程，学校可以帮助其了解和掌握全球最新的教育管理趋势和技术应用。此外，创新文化还能够增强教学管理团队的凝聚力和团队精神。在一个鼓励创新和变革的环境中，管理人员会更加团结一致，共同探索和解决工作中的挑战。例如，通过团队建设活动和创新项目的合作，学校可以培养管理人员的团队协作能力和创新思维，提升整体的管理水平。

六、塑造积极的职业态度

通过积极向上的学校文化，教学管理人员可以培养出敬业、乐观和进取的职业态度。这种积极的态度不仅提升了个人的工作表现，还对学生和其他教职员工产生了深远的积极影响，最终形成良好的校园氛围。当管理人员感受到学校对他们工作的重视和支持时，他们会更加投入自己的职责中。敬业精神体现在工作中的每一个细节，从认真对待每一项任务到不断追求卓越，敬业的管理人员会以高度的责任感和专业精神来完成工作任务。这种敬业态度不仅提高了管理工作的质量和效率，也为学校树立了良好的职业形象。

乐观的教学管理人员能够在面对挑战和困难时保持积极的心态，寻找解决问题的办法，而不是被困难打倒。这种乐观态度不仅帮助他们克服工作中的各种障碍，还能在团队中传递正能量，鼓舞其他同事共同面对挑战。通过保持乐观，管理人员能够更好地应对工作压力，提升工作满意度和幸福感。一个重视进取精神的学校文化能够激励管理人员不断追求进步和创新。他们会主动学习新知识、新技能，积极参与各种培训和学术交流，不断提升自己的专业能力和管理水平。进取的管理人员不仅个人职业发展迅速，还能为学校引入新的管理理念和方法，推动学校整体管理水平的提升。

当教学管理人员表现出敬业、乐观和进取的态度时，他们会成为学生和教职员工的榜样。这种榜样作用能够激励学生更加努力学习，追求卓越，同时也能带动其他教职员工提升职业态度和工作表现。在这样一个积极向上的氛围中，整个校园的学习和工作环境都会得到显著改善，形成良好的校园文化。学校文化通过多种途径来塑造积极的职业态度。例如，学校可以通过举办表彰大会、职业发展培训和团队建设活动，来认可和激励教学管理人员的敬业精神和进取表现。这样的活动不仅能够提升管理人员的自豪感和归属感，还能传递积极的职业价值观，鼓励更多的员工向优秀的同事学习和看齐。

领导者的行为和态度对管理人员有着直接的影响。通过以身作则，展示敬业、乐观和进取的职业态度，学校领导能够为管理人员树立良好的榜样，营造积极的文化氛围。积极的职业态度不仅提升了个人的工作表现，还增强了团队的凝聚力和合作精神。当每一个管理人员都以积极的态度面对工作时，团队内部的沟通和协作也会更加顺畅和高效。团队成员之间的信任和支持，能够创造出一个和谐、积极的工作环境，使每个人都能够发挥最大的潜力，为学校的发展共同努力。

七、加强责任感和使命感

通过强调责任和使命感，学校文化能够显著增强教学管理人员对工作的责任心和使命感。当管理人员深刻认识到自己的工作对学校发展和学生成长的重要性时，他们会更加认真地履行职责，努力提升教学管理水平。学校文化通过明确的价值观和使命宣言，能够有效地传达责任感和使命感的重要性。这些价值观和使命不仅为教学管理人员提供了清晰的工作方向，还赋予了他们一种崇高的职业使命。当管理人员意识到他们的工作不仅是管理事务，更是对学生未来和学校发展的重要贡献，他们会以更加严谨和负责的态度来对待工作中的每一个细节。

责任感在教学管理工作中表现为对工作的高度投入和尽职尽责。管理人员在履行职责时，会时刻关注工作质量和效率，确保每一项任务都能够高标准完成。这样的责任感不仅提升了教学管理的整体水平，还为学校树立了良好的管理形象。在责任感的驱动下，管理人员会积极主动地发现和解决问题，以达到更高的管理效果。通过文化建设，学校可以培养管理人员的使命感，使他们在工作中保持高昂的热情和动力。管理人员当他们认识到自己的工作对学生成长和学校发展的深远影响时，会更加愿意投入时间和精力，去探索和实施最佳的管理实践。使命感不仅激发了他们的工作热情，还促使他们不断追求卓越和创新。

在责任感和使命感的引导下，管理人员的职业态度和行为都会发生积极的变化。他们会更加注重团队合作和沟通，积极参与到学校的各项决策和规划中去。通过与同事和领导的密切合作，管理人员能够更好地了解学校的整体发展战略和目标，从而在日常工作中更有针对性地开展管理活动。这种高度的参与感和责任感，使管理人员能够在工作中找到更多的成就感和意义。学校文化建设还可以通过实际的制度和措施来强化责任感和使命感。例如，定期的绩效评估和反馈机制，可以帮助管理人员及时了解自己的工作表现和改进方向。通过设立明确的工作目标和责任区分，学校可以确保每一位管理人员都清楚自己的职责范围和工作标准。这样的制度安排不仅提升了管理工作的透明度和规范性，还增强了管理人员的责任感和使命感。

学校可以通过各种激励措施来表彰和鼓励那些在工作中表现出色、具有强烈责任感和使命感的管理人员。例如，年度优秀管理人员评选、特别贡献奖和职业发展机会等，都可以激励管理人员更加认真负责地履行职责。通过这些激励措施，学校不仅能够增强管理人员的工作积极性，促进整个团队的责任感和使命感的提升。责任感和使命感还能够增强管理人员的抗压能力和韧性。在面对工作中的困难和挑战时，具有强烈责任感和使命感的管理人员会更加坚定和执着，不轻易放弃。他们会以积极的态度去寻找解决问题的方法，克服各种困难，确保工作任务的顺利完成。这种坚韧不拔的精神，不仅提升了个人的职业素养，也为学校的持续发展提供了坚实的保障。

参 考 文 献

[1]杨信．公办高等学校教学秘书队伍建设现状与改革创新[J]．科教导刊,2021
 (11):29-31.

[2]杨春林．创新创业教育视角下高校终身教育师资队伍建设探索——评《高等学校
 管理新视野——基于师资队伍建设与本科教学质量管理研究》[J]．教育理论与
 实践,2020,40(15):65.

[3]岳嘉,张艳,陈丽,樊景春,魏兴民,赵翊．基于《普通高等学校本科专业类教学质
 量国家标准》的公共卫生学院师资队伍建设研究——以甘肃中医药大学公共卫生
 学院为例[J]．教育教学论坛,2019(25):13-14.

[4]王晓旋,王全林．基于转型发展视角的地方应用型大学辅导员队伍建设的初步研
 究[J]．皖西学院学报,2018,34(02):24-29.

[5]吕莎,袁磊,史世峰．高等学校教学管理队伍专业化建设分析[J]．中国高等医学
 教育,2011(01):73-78.

[6]刘井飞,杨日晨．关于加强高等学校教学管理队伍建设的几点思考[J]．林区教
 学,2009(12):24-25.

[7]顾继岩．浅谈高等学校教学管理队伍建设[J]．硅谷,2009(17):152.

[8]孟建新,许秀英．试论高等学校教学督导队伍建设[J]．黑龙江教育学院学报,
 2009,28(11):51-52.

[9]蔡锋．高等学校教学督导队伍建设探讨[J]．黑龙江科技信息,2007(20):170.

[10]赵新强．浅谈高等学校教学秘书的素质修养和队伍建设[J]．成功(教育),2007
 (09):198-199.

[11]周颖越,陈力,包海蓉．高校实验教学队伍建设的研究与探索[J]．价值工程,
 2014,33(03):257-258.

[12]李青.高等学校教学管理队伍应建设学习型组织[J].沈阳农业大学学报(社会科学版),2007(02):189-191.

[13]胡敏华,刘寅.论高等学校"双语教学"的师资队伍建设问题[J].黄山学院学报,2006(04):158-161.

[14]王毅.关于高等学校教学管理队伍建设的思考[J].呼伦贝尔学院学报,2004(06):17-18+16.

[15]游佩林.试论高等学校院(系)教学秘书队伍的建设[J].平原大学学报,2003(04):117-118.

[16]翟帆.教学工作和教师队伍建设是高等学校两大要务[N].中国教育报,2002-05-11.

[17]宋汝锋,牟惠堂,霍冠华.关于高等学校教学管理队伍的建设问题[J].山东医科大学学报(社会科学版),1988(04):87-88.

[18]王京转.高校大球课体育双语教学可行性研究[J].体育文化导刊,2016(02):157-160.